国家出版基金项目
NATIONAL PUBLICATION FOUNDATION

辛亥著名人物传记丛书

张学继 著

陈其美

团结出版社
UNITY PRESS

图书在版编目（CIP）数据

陈其美 / 张学继著. -- 北京 : 团结出版社,
2011.6（2021.5 重印）
（辛亥著名人物传记丛书）
ISBN 978-7-5126-0406-3

Ⅰ．①陈… Ⅱ．①张… Ⅲ．①陈其美（1878～1916）
—传记 Ⅳ．①K827=6

中国版本图书馆 CIP 数据核字 (2011) 第 073748 号

出　版：团结出版社
　　　　（北京市东城区东皇城根南街 84 号　邮编：100006）
电　话：（010）65228880　65244790　（出版社）
　　　　（010）65238766　85113874　65133603（发行部）
　　　　（010）65133603（邮购）
网　址：http://www.tjpress.com
E-mail：zb65244790@vip.163.com
　　　　tjcbsfxb@163.com（发行部邮购）
经　销：全国新华书店
印　装：三河市东方印刷有限公司

开　本：170mm×240mm　　16 开
印　张：14
字　数：181 千字
版　次：2011 年 6 月　第 1 版
印　次：2021 年 5 月　第 3 次印刷

书　号：978-7-5126-0406-3
定　价：39.00 元

辛亥著名人物传记丛书
总序言

　　整整一百年前，在中国处于半殖民地半封建黑暗统治的时代，爆发了一场对中国历史发展进程产生巨大影响的革命，这就是以伟大的革命先行者孙中山为代表的革命党人发动的辛亥革命。这场革命，是中国近代历史上一次比较完全意义的反帝反封建的民族民主革命，它推翻了清朝政府，结束了中国几千年的封建君主专制制度，同时沉重打击了帝国主义在华侵略势力。中华民国的建立，标志着中国历史进步的新纪元。辛亥革命极大地推动了中华民族的思想解放，为中国先进分子探索救国救民的道路打开了新的视野，八年后，五四运动爆发；十年后，中国共产党诞生。辛亥革命开启的革新开放之门，对于推动中国社会的发展与进步具有不可估量的历史功绩和伟大意义。

　　以孙中山为代表的革命党人，在开启思想闸门、传播先进思想、点燃革命火种、推动历史进步的过程中发挥了重要作用。他们站在时代前列，为追求民族独立和民主自由而向反动势力宣战；他们不惜流血牺牲，站在斗争一线浴血奋战；他们具有坚定的信念和坚强的意志，愈挫愈奋，在失败中不断汲取和凝聚新的力量；他们适应历史发展的趋势，与时俱进，不断修正前进的方向和斗争的目标。正是因为有了这样一批革命先驱和仁人志士，才有了辛亥革命的爆发，也才有了以此为开端的中国民族民主革命的不断发展和最终胜利。当然，我们在分析评价历史人物时，既要看到他们有超越时代的进步性，又要看到他们不可避免地受到社会客观条件影响而具有的局限性与片面性，这是我们在看待历史人物时应当坚持的历史唯物主义态度，也就是既不文过饰非，也不苛求前人。

几十年来，关于辛亥革命及其重要人物的研究工作不断深入，也陆续出版了大量的图书、画册等，但仍然不十分系统和完整，有些出版物受到时代因素和其他客观条件的影响，难免有失偏颇和疏漏。在即将迎来辛亥革命100周年的时刻，团结出版社编辑出版了本套《辛亥著名人物传记丛书》，并得到国家出版基金的资助，这充分表明了国家对于辛亥革命历史研究的重视。这套丛书的出版，无疑是一件非常有意义的事，既可以对辛亥革命的研究工作起到重要的填补空白和补充资料的作用，同时也是对立下丰功伟绩的仁人志士的纪念与缅怀。

为了保证本套丛书的编辑质量，编辑委员会在民革中央的领导下，做了大量认真细致的组织工作，特别是邀请了著名专家金冲及先生、章开沅先生、李文海先生担任顾问，他们在百忙之中分别对本套丛书的编辑思想、人物范围、框架体例、写作要求等方面提出了重要的指导性意见，成为本套丛书能够高质量出版的重要保证。此外，参与本套丛书写作的，都是在近代历史和人物的研究方面卓有建树的专家学者，他们既有对辛亥革命历史进行深入研究的学术功底，又有较丰富的写作经验和较高的文字水平，因此，我们可以寄希望于本套丛书的出版，会对推动辛亥革命及其重要人物研究工作的不断深入起到重要作用，对弘扬爱国主义、提高民族凝聚力，实现中华民族的伟大复兴产生积极的影响。

周铁农

2011 年 3 月 16 日

目　录

引　言

陈其美

引　言

陈其美是辛亥革命时期的风云人物，也是辛亥革命的核心人物之一。他虽然参加革命的历史较短，但异军突起，后来居上，在辛亥革命中发挥了举足轻重的作用。由于种种原因，在陈其美生前和身后，一直是毁誉参半，而且褒贬悬殊。在新中国成立后的三十多年间，史学界基本上没有开展对陈其美的研究。20 世纪 80 年代以后，大陆史学界解放思想，开始从学术的角度审视和研究陈其美，取得了比较丰硕的研究成果。

至目前为止，史学界对陈其美的认识也远未达到形成共识的程度。从1999 年湖州"陈英士生平与事业研讨会"提交的论文，以及近年来全国学术刊物上发表的文章来看，分歧依然还是存在的。这就说明，对陈其美的研究还有进一步探讨的余地。

一

对陈其美一生的历史做出高度评价的，首先是孙中山。

在陈其美遇难后的第三天，即 1916 年 5 月 20 日，孙中山就在致黄兴函中对陈其美做出如下的评价："英士忠于革命主义，任事勇锐，百折不回，为民党不可多得之人。"（《孙中山全集》第 3 卷，第 291 页）

1917 年 4 月，孙中山向中华革命党各支分部发出通告，再次高度评价陈其美，称："陈君英士，功业彪炳，志行卓绝。……为吾党唯一柱石。"（莫永明、范然：《陈英士纪年》，第 455—456 页）

1919 年，孙中山在《建国方略》一书中，再一次高度评价了陈其美在辛亥革命中的历史功绩："武昌既稍能久支，则所欲救武汉而促革命之成功者，不在武汉之一着，而在各省之响应也。吾党之士皆能见及此，故不约而同，各自为战，不数月而十五省皆光复矣。时响应之最有力而影响于全国最大者，厥为上海。陈英士在此积极进行，故汉口一失，英士则能取上海以抵之，由上海乃能窥取南京。后汉阳一失，吾党又得南京以抵之，革命之大局因以益振。则上海英士一木之支者，较他者尤多也。"（《孙中山选集》，第 208 页）

孙中山是辛亥革命的领袖，他对陈其美的评价，自然也是历史学者评价陈其美的重要依据。但是，也应当指出，孙中山对陈其美的评价，是在特殊的环境和背景下写的，特别是在孙中山于革命党内最孤立的时候，陈其美坚定地站在了孙中山一边，孙中山也不可避免地掺杂着对陈其美的感情或感激的因素在内，孙中山对陈其美的缺点和不足只字没有提及，显然孙中山的评价不能看作是对陈其美的全面评价。

时过境迁，当年的历史恩怨大都成为历史陈迹。从学术研究的角度看，孙中山对陈其美的评价，有些提法是值得商榷的。例如，孙中山将陈其美与黄兴相提并论。1920 年 10 月 29 日，孙中山致蒋介石信中说："我望竞兄（陈炯明）为民国元年前之克强（黄兴），为民国二年后之英士（陈其美），我即以当时信托克强、英士者信托之。"（万仁元、方庆秋主编：《蒋介石年谱初稿》，第 46 页）这完全以孙中山个人为中心来论人，究竟有几分合理性？也是值得讨论的。笔者认为，孙中山在不同的时期有不同的第一助手，虽然同样是孙中山的第一助手，但因为他们所处的时代不同，他们的作用与历史地位是不能相提并论的，道理显而易见。

众所周知，孙中山与黄兴是辛亥革命的所谓"双元领袖"。历史上历来是孙黄并称的。但史学界从没有人将孙中山与陈其美并称。实事求是地说，从革命资历、声望和功勋等各方面来看，陈其美无论如何也不可能达到与黄兴相提并论的地步。

关于陈其美在辛亥革命中的贡献，目前学术界的意见已经取得了比较一致的认识：第一，参与组建中部同盟会，实现了同盟会武装反清战略的大转移，为辛亥革命的胜利开辟了道路。中部同盟会将长江流域的革命力量连成一体，有力地推动了长江流域各省革命活动的开展，直接促成了武汉两大革命组织的联合和武昌起义的爆发。陈其美在上海的数年经营，为中部同盟会在上海的成立奠定了基础。第二，陈其美参与策动上海起义，对稳定和推动革命局势的发展发挥了重大作用。第三，倡议组织江浙联军，保证了攻打南京战役在指挥上的统一，并在军队、军械弹药和饷需方面给予江浙联军以后勤上的支持，保证了攻打南京战役的胜利，这就为革命中心由武汉转移到南京创造了条件。第四，倡议组建临时中央政府，并大力推崇革命军统帅黄兴为临时政府大元帅，将组建中央政府的主导权转移到了同盟会手中。陈其美并与黄兴、宋教仁等密商推举孙中山为临时政府大总统，在亚洲第一个共和国的建立过程中发挥了关键性的作用。

二

陈其美在上海光复中的作用、陈其美出任沪军都督以及陈其美刺杀陶成章，这三个问题历来争议很大。

上海光复，是同盟会、光复会和上海绅商三股政治势力合作的结果。细分起来，当然也有功劳大小之别。与上海光复直接有关的第一个问题就是由谁来出任沪军都督？有功于上海光复的三大势力都想染指。同盟会方面竭力推举陈其美，帮会势力、报界和留日回国的士官生也都拥戴陈其美。光复会方面自然拥戴李燮和，淞沪一带反正军警也一致拥护他。

而以李平书为代表的上海绅商势力，既不愿外地人陈其美来当家，更不愿关系陌生的李燮和来做主，他们推李显谟（上海商团临时总司令、李平书族侄）当都督。在这场复杂而又微妙的权力角逐过程中，李燮和首先被排挤出局。而在正式推举都督的会议上，上海绅商势力与同盟会又相持不下。最后，同盟会方面不得不以非常手段结束这场权力角逐的游戏。熊月之先生认为："江南制造局被攻克，标志着上海起义的成功。江南制造局是打下来的，靠三支武装，反正以后的军警、商团、会党。三支武装在攻打制造局时发挥的战斗力作用各不相同，但实力最强、最后解决问题的是军警。如果论功分权，沪军都督这个宝座未必轮到陈英士。但是，在 11 月 6 日推举沪军都督时，刘福彪那颗手榴弹定了乾坤。"（熊月之：《晚清上海社会特点与陈英士斗争方略》，未刊稿）

光复会和李燮和在这场权力争斗中受到了排挤，这是不争的事实。问题是如何看待它？李燮和是光复会中仅次于章太炎、陶成章的第三号人物，他在上海光复过程中，因为与上海军警头头有湖南同乡关系，而得以策动军警反正，先声夺人，造成"先入咸阳先为王"的局势。但李燮和遇到了强劲的对手，这就是同盟会和上海绅商势力。李燮和虽然掌握了上海军警，但他要出任沪军都督，也面临着诸多不利的因素，就是与上海绅商（或者说资产阶级）素少联系，对上海人地生疏。他的被淘汰出局，并非陈其美个人的意思，而是上海绅商及同盟会共同的意愿。

从陈其美来说，他不是没有资格当都督。第一，陈是同盟会中部总会在上海的实际负责人，也是上海起义的主要领导人，按《中国同盟会革命方略》，都督"以起义之首领任之"之规定，他显然符合条件。第二，陈当选都督，也是同盟会的要求。此外，陈长期在沪从事革命活动，在商界、报界、帮会中拥有广泛的社会基础，影响很大，因他曾留学日本，回国的军事留学生黄郛、张群、蒋介石、何应钦等一大批人也都倾向于他，因此，陈在竞争都督时就明显占有优势。因此，不能说陈其美出任沪军都督完全是靠"抢"来的。

从辛亥革命武昌起义后的全国局势来看，立宪派、旧官僚势力利用各地起义反正之机夺权，作为辛亥革命正统或主流领导力量的同盟会处于极为不利的局面。在湖北首义之区，同盟会的军事领袖黄兴屈尊于反正军官黎元洪之下；在湖南，革命党人焦达峰、陈作新在立宪派发动的政变中丧生，立宪派头面人物谭延闿夺取了湖南都督。在江苏，反正的旧官僚程德全得到江苏立宪派的强有力支持，其地位已牢不可破。上海由于战略地位极为重要，是各派政治势力必争之地。光复会如果在上海都督争夺战中取胜，那么，浙江也势必落入光复会的陶成章手中。这样一来，作为革命正统的同盟会的发言权将会大大缩小。如果出现这样的局面，那就连以孙中山为首的南京临时政府能否出台都要打上一个问号。因此同盟会争夺沪军都督是一个关键步骤。陈其美成功出任沪军都督与以孙中山为首的中华民国南京临时政府的诞生有着直接的联系。

排挤了李燮和之后，陈其美又刺杀了陶成章，这是陈其美备受指责的两件事。陈其美之所以这样做，其着眼点都是为同盟会争地位。陈其美曾经分析形势说："今日武昌为首义之区，南北两京尚在满清之手，各省自听命于武昌，而武昌为首义者，又均系光复会人。长江一带，本为光复会势力所弥漫，今以首义示天下，同盟会将无立足之地。所以吾为同盟会计，为报答孙中山多年奔走革命计，不得不继武昌而立奇功于长江下游。苟能从光复上海入手，次第光复江、浙、南京、皖、赣，以达北京，共和告成，同盟会化为永占优势之政党，始可无恨。今观武昌军政府令李燮和以总司令名义来沪，协助光复，其居心可知，况李燮和又为陶成章之亲信者。"（章天觉：《回忆辛亥》，《辛亥革命史丛刊》第二辑）

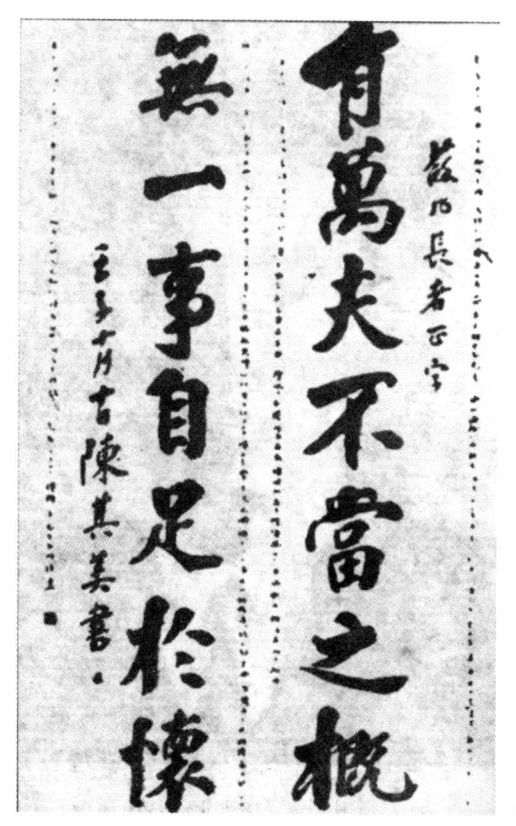

有萬夫不當之概
無一事自足於懷

蔭吾長者正字
壬子六月古陳其美書

陈其美手迹

可见，陈其美所想的是为同盟会打地盘，争地位，使"同盟会化为永占优势之政党"。革命一起，群雄逐鹿，本无可厚非于某一个人。不过，陈其美采取的手段，尤其是用暗杀的手段来对付政敌，这确实是不足取的。

三

陈其美还有一个备受革命党人指责的问题，就是在组建中华革命党前后的表现，以及挑拨孙中山与黄兴关系的问题。现在来看这个问题，应该更清楚了。

辛亥革命的果实落入袁世凯之手，这有客观和主观方面的原因。客观方面，辛亥革命以后的国际国内形势，呼唤一个强势人物出来收拾局面。在这方面，袁世凯比其他人有更多的优势：①他自身握有强大的北洋军；②他有丰富的政治经验，在清末"新政"中政绩突出，得到资产阶级上层的信任；③帝国主义和资产阶级一致拥袁。以孙中山为首的革命党人还很年轻，还不具备全面管理国家的政治经验和才能，同盟会也不具备接管全国政权的规模。革命党人长年流亡或寓居海外，从事的多是些革命暴动和宣传，对于如何管理组织一个国家根本没有准备，更无实践经验。孙中山作为革命党人的领袖，尚不具备国家领导人的声望和素质，等等。因此，孙中山把失败的原因全部归为革命党人不服从他的指挥、不实行他的革命方略造成的恶果，至少是不全面的，也难以令人信服。

孙中山在"二次革命"失败后，要求建立领袖的权威地位，从原则上有其合理性。革命本来就需要权威，陈其美支持孙中山建立领袖的权威地位原则上也无可非议。但历史的悖论就在于，领袖权威的建立是一个复杂而长期的过程，它需要有群众基础，更需要有成功的事实表现，这两者都是孙中山所缺少的。孙中山的路线策略在黄兴一派的军人中并无权威性可言，陈其美企图以宣誓及打手模等简单的形式来树立孙中山的权威地位，当然也是不可能成功的。陈其美因此备受指责，可见也是事出有因。根据历史的经验，领袖应当是一个集体，而不是个人。如果过分强调个人的权威也是十分危险的。在这个问题上，以孙中山为首的资产阶级革命党人显然还没有达到这样的认识高度。

四

在辛亥革命的领袖人物中，陈其美是受到贬斥、攻击乃至诋毁最多的人物。这固然是因为陈其美本身确实存在着严重的缺点，如宗派主义、政治气度狭隘等。李新主编的《中华民国史》对陈其美有这样的论断："沪军都督陈其美是一个自称'以冒险为天职'的人，集豪放与逼狭于一身，敢作敢为，但又爱玩弄权术，当都督后既立有为人们所称道的功绩，也做了些亲痛仇快的事。"（李新主编：《中华民国史》第1编下册，第365页）著名辛亥革命史专家章开沅先生也说："胡汉民、陈英士则更带'白衣秀士'色彩。"这恐怕也是章开沅先生数十年研究辛亥革命史的心得体会。蔡元培挽陈其美云："轶事足征，可补游侠货殖两传；前贤无愧，洵是子房鲁连一流。"蔡元培认为陈其美可能和历代侠士齐名列传，故有学者称陈其美为"民国第一豪侠"。既是"豪侠"，其行为自然不能以普通人的标准去衡量。

著者认为，除了陈其美自身存在的问题外，以下几个方面的原因也不容忽视：第一，陈其美进取心很强，对资产阶级立宪派、旧官僚进行了不妥协的斗争，陈其美就成为这些人的眼中钉，他们给陈其美加上了"无赖""卧子"等种种恶名，陈其美的一举一动常常成为反对派造谣攻击的口实。第二，陈其美自始至终都在利用青洪帮、会党等流氓无产者从事政治活动，也给陈其美的政治形象带来了一定的负面影响。流氓无产者是一种具有两面性的力量，他们既有革命性的一面，也有破坏性的一面。陈其美利用帮会从事革命活动，而袁世凯也反过来利用帮会对付革命党人，宋教仁、陈其美之死都与帮会势力有关，教训是深刻的。对于陈其美热衷于利用帮会势力，他的主要助手黄郭也是反对的，黄郭夫人说："膺白有几点性格，极不宜于革命。他反对从事暗杀，以为此风一开，社会不得安宁，即在革命过程中不得已之手段，他不与闻。他反对利用部下反上，团长反旅长而为旅长，旅长反师长而为师长，以此风一开，三五十年军纪难整。即在革命过程中，不主张以权利为饵。更反对利用土匪，他终生不与帮会有关，虽黑势力有豪侠之士，他离之甚远。此辈素养薄而野心大，辛亥以后难于处置之事甚多，宋案之应桂馨即其一例。"（沈亦云：《亦云回忆》上册，第 84 页）从中国近代史来看，由于陈其美、蒋介石的刻意利用帮会势力，导致帮会势力头子的社会地位急剧上升，到了 20 世纪 20 年代以后，上海滩上出现了以黄金荣、杜月笙、张啸林为代表的黑社会大亨级人物，成为上海滩上真正的主人，这在古今中外的历史上也是罕见的畸形现象。第三，受蒋介石的牵连。这里我们只要举一个例子就可以证明。柳亚子先生是南社主盟人，陈其美是南社社友，两人在审理姚荣泽案时有过很好的合作。陈其美遇难后，柳亚子先生曾有《哭陈英士烈士》之作，诗云："披发呼天那可闻，从知人世有烦冤。十年薪胆关青史，一夕风雷怒白门。生负霸才原不忝，死留残局更何言。苌弘化碧宗周烬，忍向黄垆检断魂。"（柳亚子：《磨剑室诗词集》上册，第 242 页）高度评价了陈其美，对他的遇难表示了深深的痛惜。但到了 1950 年，柳亚子先生却写下了意思完全不同的诗："祸胎毒肇陈其美，魁杰人思陶焕卿。一弹广慈医院里，先亡光复继同盟。"（柳亚子：《磨剑室诗词集》下册，第 1685 页）在批判蒋介石时，把陈其美也拉了出来一同批判，这就不足为据了。

陈其美

第一章

家世及早年

世居湖州，源远流长

少年异行，大器之兆

卑微学徒，心忧天下

一、世居湖州，源远流长

陈其美，字英士，号无为，别署高野，1878年1月17日（清光绪三年十二月十五日）生于浙江省湖州府归安县(今湖州市)府学前五昌里的"存诚堂"。

湖州，地处杭（州）嘉（兴）湖（州）平原的西北端，是一座具有悠久历史的江南名城。据考古发现，早在远古时代，这里就有人类在此繁衍生息。自古以来，这里就是风光秀丽的湖天胜地。站在湖州城登高远眺，远处：西有天目山，高耸入云，北有太湖水，浩瀚无边。近处：卞、毗、岘、蜀四山环拱，苕溪、霅溪二水合流。湖州城依山面水，山围水贯，有"水晶宫""极乐城""水云乡"之美誉。

历代描写湖州良辰美景的诗词歌赋数不胜数，下面不妨摘录几则，以见一斑。

唐代诗人杨汉公《题郡城楼》诗云："吴兴城阙水云中，画舫清帘处处通。溪上玉楼楼上月，清光合作水晶宫。"

元代著名书画家赵子昂曾有赋赞叹湖州之美："苍峰北峙，群山西迤，双溪夹流，泓渟皎澈，山川映发，冲和攸集，星列乎斗，势雄乎楚越。"

清代诗人李煊诗赞湖州云："侬家生长碧湖头，打桨真从镜里游。怪道当前苏学士，杭州不住住湖州。"

湖州不仅风光秀丽，而且物产丰富，是有名的"鱼米之乡"。这里丝绸业历史悠久，是江南湖丝的生产中心，著名的"丝绸之府"。鸦片战争以后，上海被辟为对外通商口岸，湖州因其与上海邻近的地理优势，所产辑里丝绸因为质量好，受到中外客户的喜爱，行销海内外，加快了湖州商品经济的发展，湖州成为富甲东南的重镇。到辛亥革命前夕，湖州出现了拥有家

陈其美祖宅五昌里

财数十万、数百万以至数千万的富户，号称"四象、八牛、七十二黄金狗"。在此基础上，形成近代颇具影响力的湖州帮商人。陈其美后来称雄上海滩，与湖州帮商人的支持参与是分不开的。

陈其美的祖先，原出河南陈州，后辗转南迁阳武、颖川等地，至胡公满第78世孙陈缜时，迁居湖州府归安县东林山，在湖州府城东南约50华里，为湖州陈氏东林支始祖。传至第17世祖陈应恪，于明末从东林山迁居湖州府城，先卜居于湖州城内天宁寺前的鱼斗亭，陈其美为东林支的第26世孙。

陈氏第14世祖至第18世祖陈恪、陈应奎、陈履贤、陈梦麟、陈嗣清5代，都是科第出身，做过县令以上乃至中央一级的官，而且"俱以名宦祀其邑"。陈氏裔孙陈惟坤搜集先祖事迹编了一本《五世名贤遗荫录》，并把其所居宅院命名为"五昌里"，取"五世其昌，传衍不替"之意。

陈其美的祖父陈绚，是一位热衷公益事业的乡绅，因排行第五，人称"唱做五太爷"。他曾主持修建湖州城内的骆驼桥，该桥全部用花岗岩大条石建筑。湖州官吏见他急公好义，曾旌赠他"圣门狷者流"和"矜式乡闾"两方匾额，以示表彰。

陈其美的父亲陈延佑，秀才出身，后因屡试不第，不得不弃儒从商，在当地钱庄做些文案事务。陈延佑先后娶有吴氏、杨氏两房夫人。生子三人，即陈其业（字勤士）、其美（字英士）、其采（字霭士）。

陈其美遇难后，因为蒋介石的关系，陈其美的兄弟侄子均受到提拔重用，可谓一门显达、两代风流。

二、少年异行，大器之兆

陈其美出生时体质羸弱，其生母吴太夫人产后多病，雇一奶妈乳之。陈其美3岁时，即受母教开始识字，而且进步很快，到5岁时，即已认识了很多字；6岁时，陈其美入私塾读书，跟同邑儒生忻谷生先生学习经传。

据称，陈其美自小便是一个聪颖而又机警的孩子。陈其美三弟陈其采曾经讲过这么两个故事：

其一，"先生（指陈其美——笔者注）八岁时，与群儿适野，火柴焚枯草为戏。一儿偶不慎，延烧及衣。群儿骇走，先生独跑近其前，迅将被烧之儿扒之倒地，已则紧伏其上，火乃熄，儿得无恙。"（秦孝仪主编：《陈英士先生纪念集》，第120—121页）

其二，"先生十岁时，约群儿驱马于海岛（湖州一地名——笔者注）旷地。突有一马向先生狂奔，群儿惊惧。先生独从容，行数十步，将被追及，陡然伏地不动，马失目标，思转身回入其群。先生亟起立痛击之，马奔逸遂得免于难。"（秦孝仪主编：《陈英士先生纪念集》，第121页）

民国时期，这两则故事因编入了小学国文课本中而家喻户晓。

陈果夫以这两则故事来证明陈其美"智仁勇三者可谓俱备"。他说："在第一事中，（陈其美）挺身入火场，援救被烧之童，非仁而勇者不能出此，推之倒地，紧伏其上，以灭火焰，则又非智所不克为。至后一事，虽与仁无关，其动机较前者为单纯，然遇险不惊，从容应付，其智勇处，正不亚于前也。以一孩提之童，能作此等事，则又不啻为其日后之行动预示一缩影焉。"（秦孝仪主编：《陈英士先生纪念集》，第 121 页）

后来，湖州籍著名画家王震（字一亭）以此事为题材绘《英士群戏图》，并在图上题诗：

> 嬉游野烧已如炎，拊背方知智勇兼；
> 迥异群儿能了了，养成大器不烦占。

三、卑微学徒，心忧天下

1884 年 3 月，陈其美生母吴氏因病去世。1887 年，其父续娶杨氏。1891 年春，父亲陈延佑又因病去世。陈家顿时失去了顶梁柱，家中经济状况一落千丈。据说，在陈延佑在世时，家中经济状况便已拮据不堪，有一年除夕，家中无钱过年，继母杨氏变卖了自己手上戴的镯子，才勉强渡过了年关。陈延佑因无力同时供养 3 个儿子读书，曾有意安排长子其业与幼子其采读书，让次子其美习商贾之道，以补助家中经济。

父亲去世后不久，15 岁的陈其美不得不中断学业，经亲戚、杭州人吴小舫介绍，来到石门县城（今桐乡市崇福镇）内的善长典当了一名学徒。

善长典位于县城西横街，地处闹市中心，是石门县城四大当铺之一，号称"百年老当"。最初是由清代著名红顶商人胡光墉（雪岩）开设的。

1883 年前后，胡雪岩在同洋商竞争中惨遭失败，被迫宣告破产。善长典相继由湖州帮、绍兴帮商人合股经营。

陈其美进入善长典后，最初的身份是"寻包"，其职责是专为客户存放或寻取典当对象。但老板分配给陈其美的具体工作却是拌猫饭。当时典铺老鼠为患，老板特地养了几十只猫来捕食老鼠。老板让陈其美负责为这几十只猫做饭。"拌猫饭"事虽细微，但陈其美却干得很欢，他每天清晨即去鱼摊购买小鱼小虾，给猫做饭。不仅猫儿养得壮实，而且还乘便结交了许多朋友，密切了同当地下层民众的联系。当地百姓家里有红白喜事都愿邀请陈其美做客，陈其美在当地成了一名很活跃的"小堂倌"。陈其美后来的职务有所升迁，接触了"记账"等高级活。

旧中国的典当业，内部有一套严格的等级和升迁制度。善长典的学徒规定为 10 名，如果在 10 名以外多收 1 名，则第 10、11 两名便成了两个半名；如果多收 2 名，则第 9、10、11、12 都变成 4 个半名。陈其美进入善长典时，在学徒中排名第 12 名，在他前面还有 11 名师兄，要升上去显然是很难的。

善长典那种单调、古板、沉闷的学徒生活，对于一个从小好动的陈其美来说，不是一下子就能适应得了的。陈其美闲得无聊时，他就以练习书法来打发时光，经过不懈的努力，他终于练就了一手好字。这也算是陈其美在善长典期间一个意外的收获。

陈其美自 1891 年进善长典，直到 1903 年离开，一共当了 12 年学徒。这一时期，正是中国社会发生剧烈变化的时代。自 1840 年鸦片战争以后，中国开始了向半殖民地半封建社会的痛苦演变。1894 年又发生了中日甲午战争，腐朽无能的清政府遭到了惨败。1895 年 4 月 17 日，清政府被迫与日本政府签订了丧权辱国的《马关条约》。该条约规定：中国割让台湾全岛及所有附属各岛屿、澎湖列岛和辽东半岛给日本；赔偿日本军费库平银两万万两；开放沙市、重庆、苏州、杭州为通商口岸；日本国民在中国通商口岸设立工厂等。《马关条约》是继 1842 年中英《南京条约》之后，列强强加在中国人民头上的又一个不平等条约，它大大加深了中国的半殖民地化程度和民族危机。

陈其美此时虽然只是一个普通的当铺学徒，但他位卑未敢忘忧国。当《马关条约》签订的消息传到石门时，陈其美"愤慨殊甚"，驰书亲友，预言中国人必须卧薪尝胆，自图振作，二十年后始能重振国光，洗雪国耻。并致函其弟陈其采，劝他习西学，以求实用，表达了一个爱国青年对国家民族命运的关切之情。

当时，上海是我国新文化新思潮的发源地。从 1861 年起，《上海新报》《申报》《字林西报》《新闻报》《中外杂志》《中国教会新报》《福音新报》《小孩月报》《益智新录》《格致汇编》等新式报刊相继创刊，对于传播新知识发挥了重要的作用。特别是 1896 年 1 月，中国资产阶级维新派领袖康有为在上海创办的《强学报》，以及同年 8 月，维新派在上海创办了《时务报》（梁启超任总主笔），大力宣传维新变法的政治主张，尤其是梁启超以略带感情的文字，尽情倾吐忧国忧民的悲愤心情，表达了变法维新的政治主张，热情洋溢，气势磅礴，吸引了成千上万的读者。《时务报》亦因此而风靡全国。

石门县城距上海仅一百多公里，这些报刊也迅速传到了石门。据说，陈其美"日阅沪报，了然于世界大事与中国国情，深自奋勉"。

1898 年 6 月 11 日，光绪皇帝接受资产阶级维新派的主张，下诏变法维新，史称戊戌变法，但维新变法很快遭到了慈禧太后为首的顽固派的强烈反对。9 月 21 日，顽固派发动政变，囚禁光绪帝，维新派领袖康有为、梁启超等被迫亡命海外，谭嗣同、杨锐等六君子喋血京城菜市口，戊戌变法彻底失败。

1899 年，又发生了义和团运动，接着是八国联军侵华。八国联军攻陷天津、北京，清朝最高统治者慈禧太后挟持光绪帝仓皇出逃西安。陈其美从报上获悉这一连串重大事件后，又愤国事不振，痛恨清政府内行暴政，外辱于强权，他在致大哥陈其业的信中"愤言清廷昏聩，妄信妖惑"，并赞许两江总督刘坤一能见其大。

陈其美在石门期间，还留下了几个反对封建迷信活动的故事。

其一，1892 年 12 月的一天，正是所谓城隍菩萨诞生之日，陈其美与一位朋友结伴来到城隍庙游玩。陈其美进入庙门，只见到处香烟缭绕，一群群善男信女正跪在泥菩萨前顶礼膜拜，陈其美看到此情此景，不禁又好气又好笑，便在心中怒斥泥菩萨："老百姓已经受到愚弄，你还在这里骄横自在，假作正经。"说完，便乘人不备，挑了两尊小的菩萨带回善长典，将其鞭打数百下，随后丢进了粪坑里，并训斥道："尔无端受民之香烟久矣。今以臭务相委，亦当恪守其职。"第二天早晨，陈其美的同事朱和庭发觉后，将泥菩萨捞起来洗干净，送回城隍庙。陈其美得知后大怒，再次跑到城隍庙将泥菩萨偷出来，将其粉碎后扔入尿坑中。

其二，石门县城总管衔口墙上绘有无常鬼象，香火甚旺。当地老百姓认为"灵应如响，莫敢撄其锋"。陈其美听后极为愤怒，说："此魅竟敢祟人乎？"他趁弄里无人的机会，将此像毁掉。

其三，有一次，正当当地百姓在城隍庙里问卜求签时，陈其美偷偷将庙内的仙方签与西寺观音殿的灵方签对换了位置。求签人不知其故，以为是菩萨在发怒，地方要遭殃，因此而惊骇异常。但久而久之，仍无异样，人心才安定下来。但乡民们始终不知道这是陈其美搞的恶作剧。

以上故事都说明，陈其美从青少年时代起，就是一个富于反抗精神的人，这种性格无疑会影响到他参加革命后的行为表现。

1901 年，25 岁的陈其美娶同邑姚纯青次女姚文英。姚氏"性温恭，事姑孝，协理家务，有条不紊"。姚氏婚后没有生育，1961 年 10 月 9 日在台北去世，享年 83 岁。

后来，陈其美又娶妾田氏，1913 年 11 月生子陈祖华（骏夫）。1932 年陈祖华考入杭州笕桥的中央航空学校。同年 9 月 9 日在试飞时，发生飞机相撞事故，遇难身亡。

1915 年 2 月 13 日，陈其美又与一名叫神谷山ツ的日本女子生下次子祖和（甘夫）。

有关陈其美私生活的材料极为缺乏。

1914 年陈其美从大连写信给大哥陈其业和三弟陈其采，信中说及与田氏的关系："小妾田氏，年幼无知，其家人毫无教育，种种悖理妄为，祈勿与之认真可也。美现在亦只有听之自然而已。"

同一年，陈其美又致函陈果夫，再次提及田氏，信中说："家事，叔不能兼顾。田氏妾属种种无理犯上，叔亦不能遥制，惟心中甚觉不安也。"

由此看来，陈其美与小妾田氏的关系相当紧张。

异军突起沪滨

一、走进上海，眼界顿开

1902年冬，陈其美的弟弟陈其采结束为期五年的留学生涯，以第一名的优异成绩毕业于日本士官学校。陈其采归国后，专程赴石门看望二哥，将日本人所著的王阳明、诸葛亮、文天祥等人的单行本送给了陈其美，并向他谈了许多关于海外的所见所闻和学习心得。陈其采特别指出：日本之所以富强，就在于日本国变法维新，振兴实业。陈其美听了这些闻所未闻的事情，大受启发。他认识到，中国国事日非，必须做一番彻底的改造，才能跟上世界潮流，摆脱亡国灭种的危机。他并由此联想到二弟学成归来，见多识广；而自己却身居石门小城，当了十多年学徒，个人见闻孤陋，天地狭窄，个人前途渺茫，便萌发了易地改业、另谋出路的念头。

1903年春，陈其美毅然中断在善长典的学徒生涯，只身来到号称十里洋场的上海。

赴上海之前，陈其美本想进学校读书，但为生计所迫，仍不得不到他表叔杨信之开设的同康泰丝栈担任助理会计，以维持日常生计。闲暇时注意研究中国对外贸易，力图有所改革。

自1895年中日甲午战争失败以后，资产阶级改良派曾经以上海为主要活动基地。经过1898年戊戌变法和1900年唐才常自立军起义失败两大历史事件之后，资产阶级改良派开始走向没落，资产阶级革命派开始走向历史舞台的中心。1903年在上海出现了爱国学社和宣传革命的《苏报》，这是国内最早的鼓吹革命的学校和报纸。不久，在上海发生了声势浩大的拒法、拒俄运动。与此同时，《苏报》先后刊登了一大批驳斥改良派、鼓吹革命的论章，特别是邹容的《革命军》和章炳麟的《驳康有为书》先后在《苏报》上刊出，对当时的社会带来了极大的震动，莘莘学子们更是如

陈其美之弟陈其采

醉如狂，成天侈谈"革命排满"。

身处革命潮流激荡的大上海，身为丝栈伙计的陈其美此时在政治上虽没有太多的表现，但革命思潮的激荡，在陈其美的心中仍然激起了不小的波澜，他不满意自己的职业，很有感叹地说道："商贾征逐末利，何补于国家的危亡。"

据说，陈其美在上海逗留期间，经常呼喝着一批三山五岳的朋友来往于上海与湖州故里之间。这批人进出五昌里，时而聚餐，时而聚赌。保守的陈家长辈对此极为反感，常常责骂陈其美败坏陈家门风。当时，陈家亲友背地里贬称陈其美为"潦生"，要小辈们不要学陈其美的样。陈其美被迫迁居到对面平房。事有凑巧，陈其美迁出五昌里不久，就有清兵到五昌里来搜捕，因陈其美不在，清兵扑了个空。发生这件事后，陈其美当即决定赴日留学。

陈其美为筹措学费，于1905年秋来到长沙，向在长沙新军中任职的弟弟陈其采求助。

陈其采后来回忆当时情形说："当时我在湖南治军，先兄以我国实业不振，由于政治不良，决计抛弃商业生活，愿出洋留学，于是到湖南来同我商量。当时官费殊不易得，遂将我平日积余的钱，先挪去用，以后再继续接济。至所习学科，先兄说：'你从前系习陆军，我则学警察，可乎？'我极赞成。学科及经费既决定，次年（年三十）即东渡入警监学校。"（何仲箫编：《陈英士先生纪念全集》（一），第 147 页）

陈其美在长沙期间，还参与了"湖南全省绅商抵制美货禁约会"。

事情的缘起是这样的。从 19 世纪中叶起，美国在开发西部的过程中，美国资产阶级曾经大量诱骗和掠夺中国的廉价劳动力前往美国西部，从事垦荒、采矿和修筑铁路等极端危险和强度极高的劳动。中国数以百万计的旅美华侨以艰巨卓绝的劳动和血汗，促成了美国西部经济的繁荣。然而，到了 19 世纪 80 年代初期，美国发生了周期性的经济危机，工厂倒闭，工人失业，工人运动蓬勃兴起。美国资产阶级为转移本国工人的斗争目标，便颁布了一系列排华法案，并不断制造排华辱华事件，公开推行种族歧视政策，限制华工入境。1894 年 3 月 31 日，美国政府和清政府签订了所谓《限制来美华工保护寓美华人条约》，将排华合法化，使在美华工受到极大的限制和种种非人的侮辱。1904 年，当条约行将期满的时候，国外华侨一致要求清政府和美国政府谈判，废除迫害华人的条约，但美国政府断然拒绝废约，并威胁清政府签订续约。消息传出后，激起中国人民的义愤。

1905 年 5 月 10 日，上海总商会召开特别会议，讨论拒约办法。会长曾铸严厉斥责美国政府的排华政策，他提出以两个月为期，如果美国仍不允许改订条约而强迫签约，则将抵制美货。曾铸的提议得到同行的一致赞成，上海总商会还通电各省商会或商务当局，要求协力拒约，相诫不用美货。

消息传到湖南长沙，华兴会会员禹之谟即通过长沙商会发起召开全省绅商学界抵制美货禁约会，到会数千人，一致以爱国为同胞应尽之义务。据陈其采回忆，当时，在长沙的陈其美也满腔义愤，立即在长沙的浙江会馆召集各界人士开会讨论，响应上海抵制美货的运动。

据说，开会前一天，陈其美邀请在长沙的浙籍知名人士王正廷、吴永斋等人参加。

不料，王正廷却以他是基督教徒，明天要去做礼拜为由，拒绝赴会。对此，陈其美大为不满，他反问王正廷："如果明天什么地方着火，基督教徒是否不去救火，而去做礼拜呢？"王正廷回答："当然去救火。"陈其美便进一步说："此次檀香山及爪哇侨民居留地的被烧，甚于平常的着火，你难道还要去做礼拜么？"王正廷对此无言以答，只好应允参加明天的会议。

陈其美在长沙期间，还多次参观了其弟陈其采率领的长沙新军，并嘱咐乃弟务必留意联络湘中革命志士作为革命的准备。

章君谷所撰写的《陈其美》对陈其美的长沙之行有如下的描写：

陈其采陪同陈其美参观他所部的营房，检阅他的部队。陈其美欣然发现，满清新军大都是知识分子，水准相当的高。他便暗地里促陈其采，加强部队的精神教育，对士兵们多多灌输爱国思想，借机联络新军中的革命同志。由于陈其美的这一次长沙之行，加以他多多灌输爱国思想，藉机联络新军中的革命同志。由于陈其美的这一次长沙之行，加以他三弟陈其采的多方配合，通力合作。在湖南新军之中普遍而深入地散布革命种子。因而才有六年以后，辛亥十月武昌起义而湖南省垣长沙立起响应，从而促成了推翻满清，以及中华民国的建立。(章君谷：《陈其美》，第23—24页)

二、留学日本，加入同盟

1906年夏，29岁的陈其美偕徐锷、谢持等从上海出发，乘船东渡日本，开始了人生的一次重大转折。

陈其美到日本后，首先进入东京警察学校第三班，学习警察法律。

东京警察学校是清政府驻日公使与日本文部省协商，由日本大学代办的。以招收清政府派遣的官费留学生为主，但也有少量的自费留学生。学校开办后，进校学习的中国留学生越来越多，到1907年，学生已达800多人。据称，陈其美对所有功课领悟得特别快，成绩相当优秀。

当时的东京，是中国资产阶级革命党人活动的中心。早在1905年8月，在东京成立了同盟会，推举孙中山为总理，黄兴为协理，以"驱逐鞑虏，恢复中华，建立民国，平均地权"为宗旨。从此，中国革命有了统一的指导机关和公认的革命领袖。

陈其美在东京的警察学校结识了很多同学，如周淡游、庄之盘、魏伯桢、卢钟岳、周骏彦等。他和同学们常常在一起阅读同盟会创办的《民报》和留日学生创办的革命报刊，对时局抵掌而谈，慷慨悲歌，忧国忧民之情溢于言表。

1906年冬，陈其美在东京加入了同盟会。但陈其美由何人介绍加入同盟会，及何时加入同盟会，这些均还不很清楚。

1907年夏，陈其美回国度假，并筹措留学经费。在此之前，陈其采已由长沙调至南京新军中任职。陈其美到南京住了几天，从弟弟处取到300元，准备重返日本。路过上海时，陈其美在租界发现一所学校因欠租而被查封，该校当事人被拘捕。陈其美当即捐出弟弟陈其采给他的全部学费，帮助学校渡过难关。之后，陈其美又回到南京，向弟弟陈述了事情的经过，陈其采听了也为哥哥的义举感到高兴，再次为陈其美筹集到数百元，使他能够得以继续学业。

当陈其美回到警察学校时，发现学校学生已经多达 800 余人，每人每月学费 5 元，收入共 4000 元，而大学老教员到校授课者少，挂名的多，与学校当局所标榜的延聘大学著名教师授课的宣传不符。陈其美当即与学校当局争论了起来。陈其美并以学校"只知自己图利，罔顾学生学业"为理由，印发传单，利用日本国内的学派分歧，要求同学赞助，另办一个东斌学校，课程与警监相同，但教员尽量聘请著名大学的头等教授。陈其美的同学魏柏桢等以警监学校是清政府驻日公使商请日方开办的，学生以官费为多，而且都是内地政府所指定，不能轻易改变，现在警监学校鉴于学生要求办新校，已允转圜，允许添聘几位名教师以满足学生的愿望。魏伯桢等劝陈其美适可而止，不要闹下去。但陈其美不听，坚持要办新校，庄之盘等附和他。后来，在同盟会总理孙中山先生的亲自过问下，东斌学校的牌子终于挂了起来。

东斌学校由孙中山请日本友人寺尾亨法学博士出面主办，专门收容被振式学校等拒之门外但具有强烈革命思想的自费留学生，旨在秘密训练革命骨干，学生大多富有民主革命思想。陈其美在东斌学校学习期间结识了同为浙江籍的徐锡麟、秋瑾等革命志士。陈其美此时已年届 30 岁，在同学中年长，自然而然被同学们推为大哥。据说，陈其美还和一些同学组织了"军事体育会"，要为革命学好军事知识，练好体魄，陈其美对自己的留日生涯十分重视。后来，他为日本友人萱野长知题词时写道：

　　　　十年游侠千金尽，九世仇雠一剑知；
　　　　为问门前车马客，还杯能酒忆当时。

三、回国革命，扎根上海

同盟会成立后，派遣大批革命党人回国发动武装起义，准备以武力推翻清政府的反动统治。

从1906年12月湖南萍（乡）浏（阳）醴（陵）起义开始，先后有广东黄花岗起义、惠州七女湖起义、防城起义，广西镇南关起义，钦廉、上思起义，河口起义，东北"马侠"之役。1907年7月，徐锡麟和陈伯平、马宗汉等在安庆刺杀安徽巡抚恩铭后宣布起义，但起义旋即被镇压下去，秋瑾谋在绍兴响应未成而被逮捕，徐锡麟、秋瑾先后遇难。消息传到日本，陈其美为失去志同道合的革命战友而感到无比悲痛。陈其美认为，这些起义，给清政府统治者精神上的打击很大，但要取得革命成功的实效，这样的表现还很不够。在大革命爆发的前夜，必须有更多的革命实行家，在各地掀起广泛的同情和响应，并尽量设法削弱清政府的抵抗力量才行。为此，陈其美决定中止在日本的学业，提前回国，到国内组织革命力量，准备发动反清斗争。

1908年春，陈其美取道香港，自东京回到了上海。当时，清政府已经残酷地镇压了革命党人在各地发动的武装起义，革命正处于一个低潮时期。

陈其美回国后，先后奔走于上海、浙江、北京和天津等地，联络革命同志。但由于清政府的严密控制，一时尚难以有大的作为。陈其美通过比较后，最后决定以上海作为主要的活动基地。他通过表叔、湖州帮大丝绸商杨信之的关系，到杨信之创办的湖州旅沪公学担任代课教员，并以此身份掩护革命活动。

湖州旅沪公学是湖州帮商人为他们在上海的子弟所办的学校。当时担任校长的是进士出身的湖州南浔镇富商刘锦藻，教务主任是杨信之的弟弟杨谱笙。陈其美之所以能够在上海立足，并很快打开局面，与杨谱笙的关系极大。

杨谱笙（1879—1949），名兆鉴。1903 年，陈其美初到上海时，陈其业曾托杨谱笙"就近督教之"。陈其美赴日留学，杨谱笙曾出力促成。陈其美从日本留学归来后，介绍杨谱笙参加同盟会，以杨谱笙的北浙江路私宅和湖州旅沪公学作为联络点和活动基地。

这年夏天，在日本振武学校学习军事的蒋介石回到上海度假，陈其美介绍蒋介石加入了同盟会。（关于陈其美介绍蒋介石加入同盟会的时间和地点，历来有 1905 年、1906 年、1907 年、1908 年、1910 年诸说；地点有的说在东京，有的说在上海。今采严如平、郑则民著《蒋介石传稿》一书的说法。）

蒋介石（1887—1975），字瑞元，浙江奉化人。1906 年，首次到日本，本想进军校学习。但当时清政府与日本政府协定，只有经清政府陆军部保送，才能进入日本的军事学校学习。蒋介石进不成军校，便进了东京民办的清华学校学习日语。在此期间，蒋介石结识了在警监学校学习的陈其美。陈比蒋大 10 岁，因是浙江同乡关系，两人情趣相投，言谈合拍，遂结为挚友。

1911 年上海光复后，陈其美与黄郛、蒋介石于 1912 年初在上海打铁浜 45 号蒋介石的寓所拜天地，结为金兰兄弟，陈居长，黄居次，蒋老三。蒋介石打了三把军刀，上刻陈其美所作誓言："安危他日终须仗，甘苦来时要共尝。"蒋介石送给陈其美、黄郛各一把做纪念。蒋介石还表示，今后一切唯两位兄长马首是瞻，叫做什么就做什么，绝无二言。陈、黄、蒋结拜，在中国近代史上是一件影响非常深远的大事，其影响不亚于三国时代刘、关、张桃园结义。通过结义，黄、蒋成为陈其美的得力助手，得以称雄上海滩。陈其美遇难后，蒋介石因为陈其美的关系得到孙中山的重用。1924 年 3 月 2 日，蒋介石写信给孙中山，即着力渲染他与陈其美之间的特殊关系：“中正与英士共事，始终如一，未尝有或合离之形神，当时困苦艰难，可谓十倍于今日，而中正忍痛耐辱，曾不懈馁者，乃以其信之专，爱之切而知之深也。以我两人一万古交情，虽手足之亲，未足间其盟契；骨肉之挚，不能逾其恩义，肝胆相照，可质天日，故能与仗安危耳。”蒋介石并且以此要求孙中山，像陈其美一样对待他：“先生不尝以英士之事先生者期诸中正乎？今敢还望先生先以英士之信中正者而信之也。先生今日之于中正，其果深信乎，抑未之深信乎？中正实不敢臆断。”（万仁元等主编：《蒋介石年谱初稿》，第 164 页）

　　不久，孙中山即任命蒋介石为黄埔军校校长，以此为契机蒋介石在中国政坛崛起，而黄郛又成为蒋介石的亲信谋士，在政坛上继续呼风唤雨。

辛亥革命时期的陈其美

因此之故，蒋介石成为中华民国最高统治者后，国民党的官方宣传对陈其美与蒋介石的结识，就赋予了特殊的意义。陈其美的儿子著文说："在父亲留学日本时期，结识了两位关系我国命脉的伟人，一位是革命导师孙总理，一位便是安危相仗继承伟业的蒋总裁，并且由父亲推介蒋总裁与孙总理，使这两位主宰我国命运的伟人，由相识而相知，而付托，而接棒，使我国的革命工作，因而得有承前启后的安排；所以这一荐贤自代的推介，是影响我国革命史非常重要的一页，其价值实无法估计。从这里可以看出父亲知人之明和谋党之忠，也是他老人家贡献于革命者之二。本党如果没有蒋总裁的继承总理负起完成革命的责任，则今天的局面真不知会演变到怎样的地步了。"（秦孝仪主编：《陈英士先生纪念集》，第80页）

1908年秋天，陈其美受上海青帮"大"字辈头目应桂馨之托，到宁波调解崇义学堂校产纠纷。

应桂馨（？—1914），浙江鄞县人，其父应文生在上海开石匠作坊发了财，在乡下建筑了新屋。其时清政府提倡民间办学，应桂馨闻风而动，在家乡办了一所崇义学堂。但应桂馨的办学，据说是把他家前后左右加以占用。最使人注目的，是在屋外砌起了高大的黄色照墙，在清朝只有大官僚告老还乡，才有资格这样做。应桂馨还养了好多匹马，每日骑马试剑，因此触犯众怒，联合起来告到县府两级衙门。宁波府的教育会经调查后，发现情况属实，就勒令封闭了崇义学堂。应桂馨不服，便向县、府告状，但均被驳回。应桂馨无可奈何，便跑到上海，由友人介绍，与陈其美相见。陈其美此时正闹穷，碰到这位有钱的少爷，就满口答应代为翻案。

不久，陈其美便偕魏伯桢等来到宁波，调解崇义学堂纠纷。陈其美先后拜访了鄞县教育会、宁波府教育会及宁波府中学堂的负责人，他每到一处便和该地负责人大声争辩。但当地人并不承认陈其美的调停人资格，他们大声对陈其美说："是我们宁波人的事，你是吴兴人，与你无涉，请你去管管吴兴的事好了。"结果弄得不欢而散。

陈其美调查完毕后回到上海，即以"学生陈其美"的名义，致电浙江巡抚，人骂宁波教育会偏听、武断、摧残教育。陈其美并将此电文印成传单，广为散发。当时宁波人以为陈其美发神经，多管闲事并不以为意。不料，浙江巡抚却根据陈其美的电文，要求宁波知府彻查禀复。一时传为奇谈。因此之故，应桂馨便与陈其美结为同志，并成为陈的得力帮手。

1908年秋末，陈其美与郭恩泽、龚斌、庄士杰、王树懋、郑隆骧、黄宝箴、虞恺、徐锷等人在湖北汉口英租界，发起筹办《大陆新闻》日报，以"鼓吹文明，代表舆论"为宗旨。预定资本总额十万元，每股五元。但陈其美等人到达汉口不久，即为清政府两江总督端方侦悉，连忙密电湖广总督赵尔巽，说陈其美等人名为办报，实为从事反清革命，请赵尔巽予以逮捕。汉口商会会长卢某与陈其美颇有交情，得此消息后，急忙密告陈其美，并奉送川资，让他赶快离开汉口。陈其美才得以免于被捕的命运。

陈其美回国活动一年，虽然碰了不少钉子，遇到了很多挫折，但他毫不气馁。他说："机会不可待而得之，须造得之。即使我人自身不能成功，而可造一大潮流，使中国趋于进化。"

四、经营上海，打开局面

陈其美回国后，经过近一年的奔走考察，最后选定有中国东方门户之称的上海作为从事革命活动的基地。当时，同盟会在上海主持工作的最高负责人是于右任。

于右任（1879—1964），原名伯循，字右任，笔名神州旧主、骚心、大风、剥果、太平老人等，陕西三原人。举人出身。1906年赴日本，加入同盟会，被孙中山任命为长江大都督，回到上海，负责中国中部的革命重任。于右任到上海后，首先创办了《神州日报》。"神州"是中国的古称，在旧诗文中，它往往和故国联系在一起，用它作报名，就是要唤起广大读者对灾难深重的祖国的深厚感情，"唤起中华民族之祖国思想"，"激发潜伏的民族意识"。1909年，于右任在上海又创办了《民呼日报》《民吁日报》，先后遭到清政府的查封，于右任还两度被捕入狱。据学者估计，陈其美1908年春自日本回到上海时，即很有可能与于右任开始相识。从此，于、陈两人遂成为同盟会在上海最活跃的人物。

但于、陈两人的活动各有分工，于右任工作的重点放在革命思想的宣传鼓动上，陈其美工作的侧重点则是联络会党，组织革命力量。

陈其美回到上海后，即首先派人到浙东山区找到了后来以"江洋大盗"著称的王金发。

王金发（1883—1915），谱名敬贤，字季高。嵊县（今嵊州市）人。早年在家乡与胡士俊等创立大同学社，秘密进行反清活动，曾参加竺绍康之平阳党（一说乌带党，被推为"龙头"）。1905年在绍兴大通学堂加入光复会。同年冬赴日本，入日本大寿体育学校学习。在日本期间，与陈其美结识。1906年，王金发回国，在秋瑾主持的大通学堂任体育教员。1907年，徐锡麟、秋瑾合谋组织光复军，在安徽、浙江两省同时举义，推徐锡麟为首领，秋瑾为协领，王金发与竺绍康、张恭、吕凤樵等担任分统，王金发任绍兴光复军分统。不久，徐锡麟在安庆起义失败，紧接着，绍兴大通学堂被查抄，徐锡麟、秋瑾先后遇难，王金发被清政府悬赏通缉。王改名子黎，带领大通学堂的部分学生和其他革命党人，潜入浙东山区，过起绿林生活。1908年陈其美回国后，先派蒋介石到王金发的家乡嵊县去寻找，未找到。接着，陈其美又派杨侠卿扮成樵夫进入剡山，边访边歌，终于找到了王金发，将他带到上海。陈其美与王金发拜天地，结为金兰兄弟。陈并介绍王金发加入同盟会。起初，陈其美与王金发在上海开设一外国木器店于美租界，但"意不在贸易"，以此掩护革命活动。不久，王金发又潜回家乡。售卖所余家产，得千余金，同时筹借千余金，共 2000 余金，于 1908 年夏带到上海。不久，陈其美与王金发、竺绍康等利用这笔钱在上海开设天保栈。

天保栈成为革命党人在上海的重要联络机关，凡是从日本和国内其他各地到达上海的革命党人，一般都落脚在天保栈。陈其美因此认识了各地的会党头目和革命党人。

由于王金发是清政府命令通缉的钦犯，不便公开露面活动。因此，王金发主要从事惩恶锄奸和秘密联络工作，时人誉为"聂政"。杨庶堪所撰《陈英士先生墓志铭》称"大盗王金发独屈服之（指陈其美）"。王金发成为陈其美的得力助手。

据说，当时青帮中有一个大字辈的石某，沦为清政府的密探，利用青帮在社会上的关系，侦查革命党人的活动，对陈其美等人从事革命活动构成严重威胁。于是，陈其美便要王金发设计，将石某公开击毙在大马路（今上海南京路）闹市上，从而有力地打击了敌人的气焰。

1909 年夏，陈其美与光复会领袖陶成章等人商议革命计划。陶成章主张苏、浙、皖、赣、闽五省联合起义，陶并自告奋勇担任五省大都督。但陈其美认为，除浙江可由张恭召集龙华会会众外，其他各省民众，未及宣传组织，不同意五省联合起义计划。最后，陈其美与陶成章商定，由张恭召集原光复军，在浙江发动起义。

张恭（1877—1912），字伯谦，号同伯。浙江金华人。浙江会党组织终南会支派——龙华会的副会主，号称拥有会众 5 万人，是浙中地区会党组织的重要头目。因此受到革命党人的重视。1904 年，光复会领袖陶成章特到金华拜会张恭，并发展张恭为光复会会员。张恭后到徐锡麟、陶成章创办的大通学堂就读，又认识了秋瑾、竺绍康、王金发等人。1907年，参与徐锡麟、秋瑾等起义计划，被任命为光复军分统。起义失败后，再次被清政府悬赏通缉，不得不潜赴上海，一度担任报馆主笔。不久，流亡日本，改号万平，由章太炎介绍加入同盟会，并主编《民报》及副刊《天讨》。1908年秋，与陶成章回到上海，准备参与起义工作。

按照陈其美等人商定的计划，浙江各府属的革命党代表先后到达上海天保栈，计有：杭州府有徐无生、盛碧潭；嘉兴府有褚辅成、蒋志新；湖州府有陈英士、姚勇忱、杨谱笙；宁波府属有庄子盘、周淡游、蒋着卿、董梦蛟；绍兴府有竺绍康、王金发；台州府有孙乃泰；温州府有张云雷；金华府有张恭、周华昌；处州府有吕逢樵、吕月屏。只有衢州、严州两府的代表尚在赴沪途中。

不料就在这时，原同盟会会员刘师培、何震夫妇及其表亲汪公权已经回到上海，在获悉陈其美等人的起义计划后，竟然见利忘义，由汪公权出面向清两江总督端方告了密，端方即命刘师培等设计诱捕陈其美等革命党人。

刘师培奉命后，即假意邀请王金发等人到上海有名的大戏院新舞台花楼看戏，暗中布置侦探，企图捉拿王金发等人。戏尚未开场，王金发、竺绍康即发觉有人跟踪盯梢，感到不正常，就连忙退场，刚走到楼梯口，被人拦住，借口说有要人看戏，观众不得到处走动。竺绍康随手送上金质烟嘴，说："从者来报，家有急事，望请方便。"但仍不肯放行。王、竺见情况紧急，乃急中生智，迅速溜进厕所然后从窗口跳出。王、竺走脱后，密探慌乱搜索，戏院顿时大乱，其他党人趁机逃出了戏院。刘师培等人的计谋落了空。

第二天，端方密令上海道道台与上海英租界当局交涉，租界当局随即出动大批巡捕搜查天保栈。恰巧陈其美不在场，在场的褚辅成、周淡游化装成商人模样逃脱，结果只捕去张恭一人。

天保栈事件发生后，陈其美十分愤怒，他说："此仇不可不报，顾吾辈无此身手，能此者其聂政（时人誉王金发为聂政）乎！"

英租界当局捉到张恭后，即组织法庭会审。由汪公权出面指认张恭为革命党人。陈其美等出 3000 元聘请英国律师为张恭辩护。张恭在法庭上用日语作答，声称自己是日本侨民万本。英租界法庭感到难以审理，便将张恭引渡给了两江总督端方，端方命令将张恭解到南京陆军监狱监禁。

陈其美与王金发等商量后，决定由王金发出面收拾残局。王金发于 6 月 6 日在英租界寿康里附近处决了叛徒汪公权，随后复在夜间持枪潜入刘师培夫妇的睡房，声言奉革命党之命处决叛徒，吓得刘师培夫妇跪地求饶，并且表示愿去南京向端方疏通，保证张恭的生命安全。王金发这才饶了刘、何二人。次日，刘师培夫妇即赶到南京向端方求情，端方同意将张恭当作嫌疑犯转到南京上元县地方法院关押。

据说，陈其美后来还秘密到监中看望了张恭，并对狱卒晓以大义，赠以巨金，使张恭在狱中不致十分吃亏。1911 年辛亥南京光复后，张恭得以获释出狱。由于天保栈事件，陈其美等人酝酿的全浙起义计划流产。

天保栈被破坏后，陈其美不得不在英租界重建革命机关。一位叫更生的记者写道：

> 斯时清廷对待革命党手段至严厉，一切革命工作，无不以极秘密行之。英公主持江浙两省革命运动，设总机关马霍路德福里。此外，则清和坊琴楼别墅，及粤华楼十七号，为附属机关。表面则酣歌狂饮，

花天酒地，以避满清之耳目。不知者以为醉生梦死之流耳！又孰知革命大事酝酿于此中哉！一部分党员每于下午一二时后至粤华楼报告工作，及听候指挥。晚间十时后，则改至琴楼别墅以为常，六时至十时，则或餐于粤华，或宴于琴楼，主要人物讨论计划之时也。主要人物，则英公而外，尚有王金发、姚勇忱君、沈虹斋君、王孟南君、沈怡中君、应桂馨诸君。记者以笔札之役，亦时相过从。（何仲萧编：《陈英士先生纪念全集》一，第152—153页）

另据陕西革命党人张奚若后来回忆，辛亥革命前，他到上海联络工作，也是在堂子里认识陈其美的。他回忆说："那时候，陈英士当然是官方注意的人物，我和他初次是在堂子里见面的。浙江路清和坊的怡情别墅是他最喜欢的地方。第一次彼此就躺在姑娘屋里的床上交头接耳地说话。姑娘当然避开了，老妈子总不时进来倒茶拿瓜子。这是我第一次进堂子，此后还在那里吃过几次花酒，也是陈英士请的。"（《辛亥革命回忆录》第1册，第146页）

陈其美借勾栏场所作为从事革命活动的机关，成天出入于秦楼楚馆，"阳为纵情声色"，确实给他添加了几分"风流"色彩。辛亥革命后，政敌们攻击他为"风流都督""杨梅都督"，可见事出有因，这是后话。

陈其美在清朝统治十分严密的上海滩从事秘密革命活动，危险是随时都可能发生的。这就不能不引起他的亲属们的担忧。长兄陈其业写信劝诫他："家计益艰，尔当自审议，毋冒险贻亲忧。"但陈其美不为所动，当即回信说："余所图乃国事，同志之以身殉者已不乏人。余何忍中途自弃厥责，以负国负友耶？家事赖有兄与弟在，分任之，勉可维持。吾家累世尚俭，谨慎做去，当不致十分竭蹶。惟子女至读书经费，筹备宜从充裕。无论如何困难，务望注重。"[何仲萧编：《陈英士先生纪念全集》（一），

第 148—149 页]

这封信表明，此时的陈其美已经成为一个坚定的职业革命家，并准备随时为革命而献出生命。

1909 年秋，北方著名拳术家霍元甲到上海传授武术。陈其美很敬佩霍元甲的高超武艺，设法与之结识。在交往中，陈其美发现霍元甲不仅武艺高超，而且富于爱国思想，便与上海崇高武术的同志筹办精武学校，储备军事人才。陈其美计划挑选 50 名志向坚定、体格强健的同志，由霍元甲教授拳术以及军事学，以 6 个月为期，然后已毕业的 50 人分到各地去组织同样的学校，每人再教授 50 人，照这样下去，不到十年，可以练成数十万或百余万体力强健并有军事学识的青年。陈其美与霍元甲等人创办精武学校的举动引起了日本人的注意。日本柔道会挑选了十余名选手，来到上海同霍元甲较量，结果，日本选手不堪一击，遭到惨败。日本人比武失败，感到丢了面子，便图谋报复。

日本人了解到霍元甲患有热症，便介绍他到日本人秋野开设的医院去治疗，日本人暗下毒手，在给霍元甲配的药中掺了慢性烂肺药。霍元甲服药后，病情急剧恶化，不久即去世。这样一来，陈其美通过设立精武学校，培育革命军事人才的计划未能实现。

除了组织联络革命力量，陈其美也很重视舆论宣传工作，这一时期，他先后参与创办了《中国公报》《民声丛报》《民立报》等革命报刊。

《中国公报》，1910 年 1 月创刊于上海，为日报。编辑发行人为陈其美、陈毓川、陈去病。从创刊号起，连续三天登载《中国公报宣言书》，其中警句用大字刊出，如："我国之政府乃营私之政府也，而欲为官吏者须先带有一种营私之目的，稍知自爱者即常以入官为戒。"该报主要内容有论说、专电、短评、世界大事记、国内大事记、小说、漫画等。该报除在国内发行外，还行销至日本。大约在 1910 年 3 月以后停刊。

《民生丛报》，封面作《民声报》，1910年5月23日创刊，为半月刊，编辑及发行者署名陈匡，实际主持者是陈其美、姚勇忱，参加撰稿者还有雷昭性、林白山、坦厂等。编辑部设在陈英士的秘密联络机关马霍路德福里。该刊发刊词《民声之浩》阐明创刊缘起和宗旨为"发扬民气之先声""以起祖国之魂"。该刊以理论性文章为主，着重斥责"专制民贼"们的"跋扈嚣张"和"僭窃主权"以及镇压会党、摧残民气的罪行，揭露清政府实行预备立宪的虚伪性，指出立宪对"中国今日之局势，非特毫无补益，而且转增危险"。该刊副刊上还载有于右任、景耀月、宁调元等著名革命党人、南社社员的诗歌等。在当时上海出版的各种报刊中，以此刊最富有革命色彩。

《民声丛报》出版两期后，即停刊。

《民立报》1910年10月11日创刊于上海，社址初设在上海四马路（今福州路）望平街160号，后迁至法租界三茅阁桥南54号。该报以于右任为社长，在他周围集合了一大批著名的革命党人。刘凤翰编的《于右任年谱》这样写道："《民立报》在上海中国区商会会长沈缦云及王一亭、李平书、张静江、叶惠钧等合力支持下，正式出版（10月11日）。除继续发扬《民呼》《民吁》两报的精神和特色外，更注意报道国际形势，并特辟专栏分析世界大事经纬。当时，全国知名之士，如：宋教仁、张季鸾、吕志伊、章行严、范鸿仙、徐血儿、邵力子、叶楚伧、杨千里、马君武、朱宗良、景耀月、王无生、康忠宝、吴忠信、陈英士、钱病鹤、但杜宇、李浩然等，均先后预闻《民立报》事，或主笔政，或为特约记者。"

《民立报》人才济济，阵容强大，同时它也充当了革命党人的联络指挥机构。同盟会会员来往日本、南洋、香港、广州及汉口等地，多以《民立报》为联络中心，或用《民立报》的记者名义为掩护。陈其美担任《民立报》外勤记者，并在《民立报》上发表了许多文章。

1911 年 4 月，同盟会南方支部领导人黄兴、赵声、胡汉民等筹划在广州发动大规模起义，陈其美闻讯后大为振奋，决定前往参加。因起义提前于 27 日（农历三月二十九日）仓促发动，当陈其美从上海赶到广州时，起义已经失败，一大批革命同盟会的骨干分子英勇牺牲。

起义失败后，清政府官吏大肆搜捕革命党人，白色恐怖笼罩广州城。陈其美以《民立报》记者的身份作掩护，冒险进入广州城活动。据说，他公开走访了两广总督张鸣岐和水师提督李准，当面劝说他们要考虑舆论，对革命党人不可妄自杀害，以免自食其果。陈其美还请广州巡警教练所所长夏寿华协助，帮助一些革命党人脱险。后来，清政府官吏识破了陈其美的革命党人身份，立即派兵追捕，陈其美机敏地坐了一顶大轿去拜访一个官员，从前门进，后门出，安然摆脱追捕，逃到香港。

陈其美在香港见到赵声、胡汉民等广州起义领导人。胡汉民后来回忆说："英士以是年（即 1911 年）五月，经由沪入粤，观察三月廿九败后一切情势，过港与南方支部同志相见，为余识英士之始。"

广州起义的失败，使同盟会遭受空前巨大的牺牲。孙中山痛心地说："吾党菁华，付之一炬。"实际领导起义的黄兴、赵声等人受此打击后，心灰意冷。赵声因悲愤交集，无以排遣，经常狂歌大呼。一日，胡汉民请其喝酒。喝完后，赵忽觉腹中剧痛难忍，延医诊治后知患了盲肠炎，但他急于远行，不愿割治。拖延了一段时候，炎症加剧，不得不开刀治疗。据说陈其美很崇拜赵声，在赵治病期间，陈其美一直陪侍左右，"躬为看护"。病中的赵声不断高声朗读杜甫的"出师未捷身先死，长使英雄泪满襟"的诗句，陈其美被感动得热泪不止。赵声终于不治身亡，陈其美又负责将赵声安葬在香港茄菲公园之侧，并在墓碑上为之题写了"天香阁主人之墓"几个大字。

料理完广州起义善后事宜，5 月中下旬，陈其美偕宋教仁自香港返抵上海，邀同叶楚伧等，以诗文的形式表彰广州起义死难烈士，以发扬革命精神，激励人民的爱国心。中华民国成立后，陈其美又以沪军都督的身份发起祭祀广州起义烈士，他在祭文中高度评价了烈士的丰功伟绩："我庄严伟大之中华民国，得一跃而为世界之产物，公等实为之母体哉。公等播其因，同胞获其果，美以马前走卒，俨然步公等后尘，获享后死者一份子之幸福。"

五、中部总会，唯一台柱

同盟会本来是由几个明显地带有地域性色彩的革命团体，如兴中会、华兴会、光复会、军中会、教育会等团体成员结合组成的。

在同盟会成立后，作为革命领袖的孙中山仍将主要注意力放在策动广东、广西、云南等南方几省的起义，引起同盟会内部相当普遍的不满，他们说孙中山"只注意广东，对于长江各省一点也不注重。华侨所捐的钱也只用到广东方面去，别处的活动一个钱都不肯给"。（邹永成：《邹永成回忆录》，《近代史资料》1956 年第 3 期，第 93 页）

特别是 1910 年 2 月广州新军起义失败后，东京同盟会不少高级干部灰心失望，无人过问总部事务。东京总部名存实亡。

1910 年 6 月 10 日，孙中山自檀香山秘密来到日本。谭人凤当面要求孙中山改良会务，孙表示同意。其后，宋教仁也往见孙中山，孙因对宋曾一度支持章太炎、陶成章不满，因此对宋无好言，孙愤愤地对宋说："同盟会已取消矣，有力者尽可独树一帜。"宋问故，孙说"党员攻击总理，无总理安有同盟会？经费由我筹集，党员无过问之权，何得执以抨击？"对于孙中山的这番话，宋教仁、谭人凤等大为不满。次日，宋、谭联袂访孙，谭当即反驳孙中山说："同盟会由全国志士结合组织，何得一人言取消？总理无处罚党员之规条，陶成章所持理由，东京亦无人附和，何得怪党人？

款项即系直接运动，然用公家名义筹来，有所开销，应使全体与知，何云不得过问？"（谭人凤：《石叟牌词叙录》，《近代史资料》1956年第3期，第42页）

谭人凤这番话，说得条条是理，孙中山无以反驳，只好表示，叨容日与各分会会长再议。但因为日本政府只允许孙中山在日本作短暂停留，24日孙中山在没有通知谭人凤等人的情况下，匆匆离开日本，由此也引起谭人凤对孙中山的不满，便和赵声等商量改组，主张以长江流域为进行地点。赵声非常赞同此议，便约集在东京的宋教仁、邹永成、李肇甫、刘承烈、张斗枢等会议。

会上，宋教仁提出上、中、下三策，他说：在边地进行为下策，在长江流域进行为中策，在首都和北方进行为上策。经与会诸人讨论后，认为"下策太不济事，上策太不容易，我们还是以取中策为好"。于是，一致决定组织中部同盟会，主持长江流域的革命运动。

会后，宋教仁、谭人凤等分头奔走筹集经费，但始终没能如愿，改组之事亦因之搁置了起来。同年冬，宋教仁回到上海，担任《民立报》主笔。

1911年广州起义失败后，在港的同盟会机关更加涣散，赵声病死，黄兴异常消极，扬言今后专意于暗杀，胡汉民则避不露面。谭人凤看到此情此景，心灰意冷，决定回湖南新化老家，不再言革命。6月初，谭人凤路过汉口，遇到两湖革命党人焦达峰、孙武等人。焦、孙等人正拟乘湖南铁路风潮大举。焦达峰劝谭人凤说："事在人为，何必抛弃前功？"谭接受了焦达峰的意见，决定不再消极。过了几天，谭人凤便东下上海，与宋教仁、陈其美等人商议组织中国同盟会中部总会事宜。

7月31日，陈其美与宋教仁、谭人凤、范光启、姚勇忱、吕志伊、章梓等29人集会于上海北四川路湖北小学，宣布成立同盟会中部总会，并选举了中部总会领导人。陈其美为庶务，管理一切不属其他各部的事务；

潘祖彝为财务，管理筹款事务；宋教仁为文事，管理参谋、立案、编辑及其他一致事宜；谭人凤为交通、管理等联络各等社会，及选举社会，及选举、会籍、纠察、赏恤等事；杨谱笙为会计，管理财务收支事务。

会议还通过了由宋教仁和谭人凤分别起草的《中国同盟会中部总会章程》和《中国同盟会中部总会成立宣言》。《宣言》和《章程》表达了对同盟会进行改组和改造的意思。《宣言》批评同盟会"有共同之宗旨，无共同之计划；有切实之人才，无切实之组织"，"惟挟金钱主义，临时招募乌合之众，搀杂党中，冀侥幸以成事，岂可心这数哉？此吾党义师所以屡起蹶，而至演最后之惨剧也"。《章程》规定中国同盟会中部总会"由中国同盟会会员之表同意者组织而成"。"以推覆清政府，建设民主的立宪政体为主义"。中部总会"奉东京本部为主体，认南部分会为友邦"。同时针对同盟会组织原则上的弊病，规定中部总会"机关制取合议，救偏毗，防专制"。在起义策略上，规定："举义必由总部召集各分会决议，不得怀抱野心，轻于发难，培元气、养实力。"《章程》还规定中部总会"会员一律平等"，"会员得依法阵请保护利益，及陈诉冤抑；其有因公受害者，本人或遗族得受恤典"；"会员得于法律范围内，保持身体、财产、职业、居住、信仰之自由"。

8月2日，中部总会召开第二次会议，推年龄最长的谭人凤为总务会议议长，管理召集开会、保管文书、印信之事。

不久，各省分会相继成立。南京由郑赞丞、章梓主持，安徽由范光启主持，湖北由居正主持，湖南由曾杰、焦达峰主持。

为了使各地革命党人不致急躁从事，中部总会确定以"宣统五年"（即1913年）为大举时期。

在同盟会东京总部长期涣散的情况下，中部总会的成立，客观上适应了革命形势发展的需要。中部总会确定在长江流域发动革命的战略选择也是完全正确的。因此，中部总会的成立对推动革命高潮的到来具有重大的战略意义。

同盟会领导人黄兴获悉中部总会成立的消息，立即从香港致信祝贺，信中说："欣悉列公热心毅力，竟能于横流之日，组织干部，力图进取，钦佩何极！迩者蜀中风云激发，人心益愤，得公等规画一切，长江上下自可联贯一气，更能力争武汉。老谋深算，虽诸葛复生，不能易也。光复之基，即肇于此，庆何如之！"

10月6日，黄兴又致函陈其美、谭人凤、宋教仁、居正等，要他们吸取广州起义失败的教训，注意纯洁组织，防止内奸，并严明纪律。

中部总会的核心人物是宋教仁。宋氏"慎思明辨，富于分析力及判断力，对于问题，往往能视其大全，得其精要，他是一位极富理性、高瞻远瞩的政治家"。对于宋教仁在中部总会中的领导地位，陈其美也是承认的。1913年4月17日，陈其美在追悼宋教仁大会上做报告时即指出："宋先生……后与鄙人及于右任、沈缦云诸先生组织机关。所行之事，均由宋先生主持，其一言一动，无日不以大局计。"

有台湾学者提出："宋教仁是策划者（designer），陈其美则是实行家（actual executor），他们两人实为中部同盟会最重要的人物，也可说是两大柱石。"

与学者们的观点不同，辛亥革命的参与者对陈其美在中部总会的特殊作用另有更形象的描述："原来辛亥革命时期的第二流领袖沪军都督陈其美，是上海青帮的大头目。上海的戏园里、茶馆、澡堂里、酒楼、妓院里，无论哪个角落都有他的党羽。所以一辈革命同志无论有什么活动都要拉他入伙，尤其是辛亥年中部同盟会之成立大家都要依靠他作台柱子。"（杨思义：《二次革命失败后国民党人的形形色色》，《文史资料选辑》第48辑，第135页）

会党是中国秘密社会的一大系统。它的成员主要是职业极不稳定的游民无产者（其中主要是游民和游勇）和贫苦的下层民众。自 19 世纪 60 年代以后，随着中国社会半殖民地半封建化的加深，破产的劳动者队伍日益扩大，会党势力也相应得到迅速发展。19 世纪末和 20 世纪初年，会党组织遍及全国。在会党中崭露头角的、有影响的首领，大多是游荡江湖的游民无产者，他们具有很强烈的反抗性。所谓"会党成员都是亡命之徒，只有'义气'二字，可与之生，可与之死"。"会党是家长式的领导，洪门习性，尊敬大哥，惟命是从。故联系会党，只要把会首的关系拉好，问题就可迎刃而解"。

辛亥革命时期，以孙中山为首的资产阶级革命党人，曾以各种方式在会党中开展工作，发动会党起来参加革命。而会党也乐于接受革命党人的领导，奋起参加反清武装起义。

在组织和发动会党方面，陈其美颇有独到之处。据称，陈其美以"四捷"即口齿捷、主意捷、手段捷、行动捷而著称，他从经营上海开始，就以主要精力周旋于会党头目之间，并且陈其美亲自参加了青帮，为"大"字辈头目。有学者称，陈其美"对会党有较强的驾驭控制能力"。（陈浴新：《湖南会党与辛亥革命》，《文史资料选辑》第 34 辑，第 118 页）

陈其美掌握的会党头目，除前面分别介绍过的浙江会党头目竺绍康、王金发，张恭等外，还有上海的青洪帮头目刘福彪、应桂馨、李征五等。陈其美与刘福彪、应桂馨、李征五等结拜为兄弟。他们"杀雄鸡，喝血酒，歃血为盟，立下字据为兄弟"。他们发誓："共同生死，驱除满奴，复兴汉业，以敢死之志，抱必死之念，以报国家。"

刘福彪，"实为秘密社会之有力者，所部皆著名好身手"。刘福彪手下有 300 多人。辛亥革命时，刘福彪所部组成敢死队，参加了上海光复。上海光复后，应桂馨担任沪军都督府谍报科科长，李征五担任光复军总司令。陈其美掌握了这么多会党头目，不仅有利于他在上海从事革命活动，而且也是日后支持他出任沪军都督的重要力量。

此外，陈其美在联络上海绅商方面也做了很多工作。经十九世纪末二十世纪初十多年政治运动的整合，包括拒俄运动、抵制美货运动、苏报案、地方自治运动等，租界华人已经在事实上形成了代表自己利益的政治精英，这就是以李平书为首的上海绅商集团。在上海的革命党与清政府两极对峙中，得绅商者得天下，绅商的政治取向决定了胜负，也决定上海的命运。陈其美看到了这一点，为争取绅商进行了积极的努力。陈其美从商出身，与上海绅商联络，几近如鱼得水，酒逢知己。他与旅沪的湖州、宁波籍商界名人，都能找到乡谊故旧，联而扩之，便可把许多社会关系利用起来。加上他表叔、上海商务总会议董事杨信之的襄助，推动了旅沪的湖州帮、宁波帮向同盟会靠拢。在于右任、陈其美等的努力下，沈缦云、王一亭、虞洽卿、叶惠钧、顾馨一、李云书、李厚祁、李厚禧等上海资本家先后参加了同盟会和中部总会，杨信之的弟弟杨谱笙还担任了同盟会中部总会会计。中部总会的秘密联络机关就设在北浙江路杨谱笙寓所（今浙江北路61号）。另在宝昌路15号（今淮海中路）设立了炸弹制造处；在嵩山路11号为隐藏军火处，后马路湖州旅馆、万安旅馆等处为招待所，供各省来往上海的革命党人住宿。在陈其美等人的悉心经营下，中部总会"会务益振"。

第三章

"握东南之锁钥"

一、两会合作，光复上海

中部总会成立时，原定以宣统五年，即 1913 年为发动全国武装起义推翻清王朝的时期。然而，革命形势的迅速发展大大超出了中部总会领导人的意料之外。

中部总会成立后，由谭人凤等人联络湖北革命团体文学社和共进会，很快取得了成效。1911 年 9 月 14 日，在中部总会的推动之下，文学社与共进会在武昌召开联席会议，商谈两团体联合，成立领导起义的统一机构及行动计划。会议决定推举蒋翊武为总指挥，孙武为参谋长，刘公为政治筹备处总理。

起义条件成熟之后，湖北方面派遣居正、杨玉如赴上海采购手枪，并邀请同盟会及中部总会领导人黄兴、宋教仁、谭人凤等莅汉口主持大计。居正等人抵达上海后，即在陈其美寓所集会讨论起义大计。

居正后来回忆说："余偕杨（玉如）来沪后，初访宋钝初（教仁）于《民立报》，次访陈英士（其美）于马霍路，再访谭石屏（人凤）于北四川路，报告湖北近事，并请英士代购手枪，由湖北携来洋一千元交之，英士慨允办理。连日在英士寓所，召集上海机关部会议，决定南京、上海同时发动。令余详述事实，函报香港，托吕天民携往，请黄克强速来，宋钝初、谭石屏均准备同时赴汉。……寓沪一星期，已是八月初旬，迭接汉电促返。余日问英士之手枪，及钝初之行止，均未备妥。杨玉如乃先归，余留沪二、三日，而武昌南湖炮营之事变作矣。"（《辛亥革命在湖北史料选辑》，第 137—138 页）

1911 年 10 月 10 日，武昌起义爆发，标志着以武力推翻清王朝的革命高潮终于到来。

武昌起义后，湖北革命党人立即密电上海，敦促各省起义响应。由于在上海地区从事革命活动的陈其美、于右任等人，以前着重于联络会党和资产阶级上层，以及从事革命宣传，对于当地军警"鲜通声气"，陈其美等人缺少在上海发动起义的军事实力。鉴于在上海起义的条件不成熟，陈其美便于10月12日潜赴杭州，敦促浙江革命党人起义响应。

陈其美抵达杭州后，召集浙江革命党人召开会议，商讨起义计划。

浙江是清朝军事力量相对比较薄弱的一个省。省内清军主力是新建陆军第二十一镇，驻省会杭州的是该镇第四十一协，约有2000名官兵。浙江是光复会活动的主要基地之一，光复会在清军中进行了大量工作，官兵中有大批光复会员。此外，浙江同盟会会员也不少，在新军中也有不少成员。革命力量相对比较雄厚。陈其美到杭后，召集浙江革命党人顾乃斌、褚辅成、吕公望、朱瑞、黄元秀、吴思豫、童保暄、傅孟、雷家驹、俞炜等开了两次会议。但当时军界同志分急进、缓进两派，意见未能一致，遂决定分头着手进行。

浙江一时发动不起来，陈其美回到上海，决定从南京入手，打开东南局面。14日，他致电在东北从事活动的同盟会重要军事干部柏文蔚速回上海。柏文蔚接到电报后，当即将东北工作交由廖燮堂与梁实卿等主持，本人随即迅速南下，于22日抵达上海。当天，在陈其美寓所召开会议，商议中部总会今后的行动方案，决定由黄兴、宋教仁赴武汉指挥全局；柏文蔚、范鸿仙前往南京策动新军反正。同一天，陈其美还与宋教仁、沈缦云、范鸿仙、叶惠钧等人在《民立报》社开会，即席决议以联络商团、媾通士绅作为上海起义工作的重心，并利用《民立报》宣传革命胜利消息，以激励民气。

会后，黄兴、宋教仁赶赴武汉，柏文蔚、范鸿仙等赴南京，上海起义工作由于右任、陈其美、杨谱笙等人主持。于右任是同盟会在上海地区的最高负责人，他主持的《民立报》成为同盟会中部总会在上海的言论机关与行动组织者，陈英士在上海的活动也受于氏指导。陈其美受命后通过沈缦云（同盟会会员、上海信成银行经理）与上海绅商领袖李平书取得了联系。

李平书（1854—1927），上海浦东人，他既是负责上海地方治安的自治公所总董，也是上海商团公会会长，同时还兼任上海江南制造局提调（负责购料、订约等事），是上海的实权派人物。李平书领导的上海商团，其成员大都是志愿参加的青壮年，受革命思潮影响，具有爱国热情。他们来自不同阶层，有工厂工人，学生和工商企业职工，也有少数工商界上层人物，社会关系涉及面广，有一定的社会基础，同时他们都受过一段时间的军事训练，还拥有一部分武器。起初，这支商团武装为上海道道台刘燕翼掌握，用以协助巩固地方政权，维持治安。中部总会成立后，很注意商团公会，并吸收了其中的部分上层人士沈缦云（上海信成银行经理）、王一亭（上海商务总会议董、上海自治公所议董）、叶惠钧（粮食业资本家）等参加同盟会。陈其美通过沈缦云、叶惠钧等和李平书联系，希望争取李平书参加革命。

但是，当时上海自治公所的议员们对革命尚持观望态度，他们认为商团的责任是保护地方人民的利益，同时因不了解陈其美的历史，李平书也不愿轻易地将商团武装交给同盟会使用。但在大势所趋、民心所向的大背景下，李平书约沈缦云、吴馨（上海自治公所议长）、莫锡纶（上海自治公所驻董）等密商于其寓所，一致认为时势至此，不能守闭关主义，当审察情势，以为进止。

10月29日，李平书约陈其美在上海成都路贞吉里寓所相见，李平书"告以保民宗旨，彼此随时协商，互相尊重主义，避免侵犯"。李、陈从此联手，这对上海革命力量的增长有重要意义。李平书转向革命后，沈恩孚、吴馨、莫锡纶及自治公所议员王引才，警务长穆湘瑶也都站到革命一边，加上已经加入同盟会的沈缦云、叶惠钧、王一亭，这样，上海城自治公所、上海商团的主要领导人基本上转向了革命。

恰在此时，同盟会会员、南京新军第九镇军官李显谟（字英石）受第九镇统制徐绍桢的派遣，取道上海，准备前往武汉，会见黎元洪，商讨长江上、下游互相策应事宜。李显谟系李平书的族侄，平素往来密切，相知较深，为李平书所信赖。陈其美考虑到可以利用李显谟与李平书的关系，直接指挥商团参加起义，因此极力劝说李显谟留在上海。李显谟认为很有道理，便密电徐绍桢请示，经徐同意后，决定留在上海参加起义工作。李显谟通过李平书的关系，迅速取得了上海商团公会的拥护。11月1日，李显谟被上海商团公会推举为临时总司令，从而统一了上海商团的指挥权。

在陈其美等人紧锣密鼓地策动上海起义的同时，光复会后期骨干人物李燮和也来到了上海。

上海本是光复会的发源地。早在1904年冬，蔡元培与龚宝铨等在上海成立了光复会。1905年8月，同盟会在东京成立，蔡元培在上海加入同盟会，并被指定为同盟会上海分部主盟员。1907年蔡元培赴德留学。1910年2月，章太炎、陶成章等原光复会成员在日本东京重建光复会总部，由章太炎任会长，陶成章任副会长。由于光复会基本成员都在南洋，因此，光复会在南洋设立执行总部，代行东京本部职权，以李燮和、沈钧业、魏兰为执行员。1911年7月下旬，陶成章、李燮和、尹维峻等在上海法租界平济利路良善里组织"锐进学社"，发行《锐进学报》，并在杨树浦及法租界赖格纳路设立了两处秘密机关。事后，陶成章复返南洋筹集起义经费，李燮和则回湖南安化蓝田镇老家探视生病的母亲。李燮和回家不久，即被当地清吏侦知，下令缉捕，李燮和得到消息后，立即离开湖南潜逃至武汉。此时，正是武昌起义爆发的前夕，李燮和认为，武汉起义的条件已经成熟，革命军光复了武汉，就等于占领了全国的中枢；而上海是东南门户，光复上海，长江流域即可传檄而定。想到这里，李燮和没有在武汉久留，立即乘船东下，于10月6日，即武昌起义爆发的前四天抵达上海，策划东南起义。

针对当时部分光复会会员建议北上运动新军的主张，李燮和当即指出，决定成败的关键在南不在北，何必舍近求远，上海即是用武之地。他当即决定，派王文庆等人分赴杭州、苏州、南京等地从事联络，李燮和本人留在上海，独当一面。

11月2日，陈其美与李燮和在上海《民声报》社会面，根据当时清朝军队调动的情报，将上海起义的发动时间定在11月3日下午4时。

李燮和利用湖南同乡关系，首先争取到闸北巡警总局巡逻队官陈汉钦和吴淞巡警总局巡官黄汉湘参加起义。11月3日午后，闸北巡警与长官冲突，陈汉钦率众占领巡警总局，闸北于当日下午2时首先光复。随后，吴淞各军反正，推黄汉湘为总司令。李燮和拿下吴淞、闸北后，自称"上海临时总司令"，并以此名义张贴布告安民。

3日下午2时许，陈其美与李显谟集合全体商团团员及敢死队员于江南制造局附近之南操场。陈、李以民军代表身份宣布即时起义，当场撕毁清朝龙旗，改悬起义白旗，并分发参加起义人员每人一条白布（宽三寸、长六寸）绕在左臂以资识别。李显谟以商团总司令的名义当场宣布三道作战命令：（1）商团协助敢死队攻打制造局；（2）进攻苏淞太沪兵备道；（3）商团各分队分段防守城厢内外，维持治安。作战令下达后，李显谟鸣枪一响，接着吹起进军号，全体参加起义人员高呼："冲啊！冲啊！"向预定地点奔去。

攻打江南制造局的任务由刘福彪组织的敢死队打前锋，商团殿后。

江南制造局，位于上海南门外高昌庙地区的黄埔江畔，由清末洋务派领袖曾国藩于1866年创办，设有船厂、船坞、炼钢厂以及修建船只、制造军械的车间，是当时全国最大的军火制造厂之一，局内存有大批军火、枪炮，如能占领江南制造局，则对革命是极为有利的。当时清政府派有重兵驻守制造局，其总办张士珩（楚宝）是李鸿章的外甥，是个顽固分子，李平书曾以江南制造局提调的身份力劝张士珩，勿再运军火支援南京的清军，张士珩不听；李平书又委婉地陈说清朝人心瓦解，局内区区防卫兵力恐不足恃，不如另谋安全之策，张士珩又不听。于是，陈其美决定以武力夺取制造局。

11月3日下午3时，陈其美组织了一支200余人的敢死队，携带向商团公会借来的40支步枪、子弹若干发，以及自制的土炸弹，由杨谱笙率领攻打制造局，陈其美则随军督战。下午5时许，趁制造局启门放工之际，杨谱笙指挥敢死队队员一拥而入。局中驻军先放空枪一排，敢死队队员以炸弹开路，然后发起冲锋。清军见状，便居高临下以实弹密集射击，打死敢死队队员一名，打伤多人，敢死队的攻势受挫。

陈其美目睹这一情况，认为单凭敢死队强攻难以济事，乃偕同高尔登（字子白）以《民立报》记者身份进入制造局，企图劝说张士珩及制造局守兵放弃抵抗。

制造局总办张士珩不但不听陈其美之劝，反而将其五花大绑，大骂说："你们这班亡命之徒，待我将外面这些狐群狗党打死，再来杀你。"陈其美见计不行，只好束手待毙。不料局中有一名叫张杏村的士兵，数日前经田鑫山、刘福彪联络，赞成革命。他眼见陈其美在危难之中，对张士珩说："张总办，此人乃文弱书生，有何本事，杀不杀，无济于事，但他们党人很多，均不怕死，今若杀他，设异日他们党人来寻张总办谋报复，那可了不得。"张士珩说："我不怕他们，更不怕死。"张杏村再晓以利害说："总办所说甚是，但总办家眷少爷小姐均在外居住，身家性命以及财产也当顾虑，即我辈在此，自当同总办出力，设若革命成功他们必不饶恕我们，请总办想想何不等到大事平定，再来杀他不迟，横直他在那里哪能跑得脱。"

张士珩一听言之有理，便放弃了立即杀害陈其美的念头。

李平书获悉陈其美被俘后，连忙与李显谟赶到制造局见张士珩，为陈其美说情，并请求保释陈其美，但遭到张士珩的拒绝。接着黄郛利用自己的军谘府执照进入制造局进行营救，也没有成功。

李平书保释陈其美不成，回到自治公所，决定组织商团队伍反攻制造局。同时，杨谱笙、俞凤韶等也连夜赶到闸北，请求李燮和与陈汉钦派兵支援。李燮和、陈汉钦等立即决定起兵攻打制造局，在率队出发前，李燮和愤激说道："今日之事，拿破仑所谓最后十五分钟也，其济，则诸君之勇，不济，请为诸君先死。"

14日凌晨，李燮和率领的巡防营、沪军营、巡警队、水师营会同商团及敢死队，向江南制造局发起猛攻。经过几个小时的激战，于当日上午9时将制造局占领。至此，上海全部光复。

攻占制造局之后，人们立即寻找陈其美的下落，遍寻无着，最后才在马栅旁一间储存废铁的小房间里发现了陈其美，他被钉上了脚镣手铐，绑在一张木凳上，头紧紧贴着墙壁，他的头发被钉在墙上，所以他全身不能丝毫移动。同志们把他放下来，打开脚镣手铐时，他已周身麻木，动弹不得，李燮和遂派人送陈其美回去休息。

上海光复后，李燮和被推为临时总司令，驻制造局办事。

二、着眼大局，巧夺都督

上海光复后，建立新的革命政权成为当务之急。

11月6日下午，上海各界代表近60人，齐集旧海防厅筹组上海军政府，推选都督。

由谁出任革命政府的都督，是各方最为关注的问题。当时有资格出任都督的，共有三个人：

一是李燮和，他先后参加过华兴会、同盟会、光复会，是一个老资格的革命党人，具有很强的活动能力，是后期光复会的三个领导人之一。在上海光复过程中，他出其不意地立了首功，拿下吴淞、闸北。当时，有人认为：按学历资格功绩，李燮和实为首功之人。杨谱笙说，起义前大家原有"谁先入咸阳谁尊王"（指刘邦项羽故事）的想法，而李燮和首先光复吴淞、闸北，因此大家多瞩目于李燮和。

二是李显谟，他是上海商团临时总司令，此人有魄力，善用兵，有大将之风。他到上海后，上海商团才拧成一股力量，上海武装起义成功，李显谟功劳也不小。所以，当时上海人士多主张推举李显谟为都督。

三是陈其美，他是同盟会在上海的骨干，经营上海有年。但陈其美有一个弱点，这就是他同学魏伯桢说的："其美有手段，能交际，但缺少武力。"（《辛亥革命七十周年》，第125页）在上海光复过程中，他听信青帮首领刘福彪之浮夸，率领敢死队贸然攻打制造局，险些送了命。陈其美在上海光复过程中，缺乏足以自豪的表现。论功劳，陈其美既比不上李显谟；而按资望和劳绩，陈其美还略逊于李燮和。这种情况，对同盟会来说是很不利的。事先，在同盟会内部也议论过，钮永建后来说："论功行赏，英石功最大，应该当都督，当时同盟会也议论过，但他不是同盟会员。光复会的李燮和出其不意地立了首功，拿下吴淞、闸北，但如李燮和当了都督，上海可能变成光复会的天下。同盟会方面，黄兴不能从湖北回来，于老（右任）在上海关系不深，杨谱笙威望不够，英士这时虽还刚露头角，但他是同盟会在沪的重要干将，就只好由他来充任了。"（《辛亥革命七十周年》，第169—170页）

由于同盟会方面事先有推举陈其美的腹案，而上海绅商及上海商团方面的头面人物则一心想推举李显谟。同盟会和商团方面出于不同的政

沪军都督时期的陈其美

治目的，不约而同地决定首先将光复会的李燮和排挤出局。

11 月 6 日的会议，光复会方面的人员被排除在外，仅有章豹文一人临时打听到消息，挤进了会场。这天的会议，一开始就显得异样和紧张。

当天的会议由李平书担任主席。在李平书发言后，李显谟、陈其美等依次发表讲话，场内很安静。但到推举都督时，发生了严重的争执。李平书和商团代表以及起义军官，都推李显谟当都督，说他军事学识渊博，指挥上海光复任重功高。而同盟会方面的代表则推陈其美当都督，双方互不相让，形成僵局。这时，脾气暴躁的黄郛忍不住了，他第一个拿出手枪威胁李平书，说陈其美首先进入制造局，有第一功。在场的起义军官也都把手枪拔了出来，说陈其美进入制造局后即被拘禁，后来是李显谟指挥起义军和商团打下来的，彼此剑拔弩张，形成对峙局面。这时……原在会场内

沪军都督府文告 沪军都督府证章

靠墙站着的刘福彪，这时突然举起一颗手榴弹狂呼："都选陈英士不可，否则我手榴弹一甩，大家同归于尽！"这样一来，商团方面的绅士们害怕了。李平书急忙宣布散会。

会后，李平书居间斡旋，几经协商，乃达成妥协，同意由陈其美出任沪军都督，并由他组织沪军都督府。

根据同盟会革命方略关于军政府都督"有全权掌理军务，便宜行事"的原则，规定：沪军都督设置三个部，即司令部、参谋部、军务部，这三个部"均直辖于都督"，受都督之指挥命令，执行主管事务。司令部部长由都督兼任，"凡发布命令及赏罚，任免各部及各营文武人员，均属都督之大权"。各部、各科初级将校以上，均由都督亲任；各部及各营初阶将校，由该长官呈请都督亲任。"关于军政主要事件，由都督召集临时军事参议会决议施行"。外交、民政、财政、交通、海军五部属于都督府，但不由都督府直辖，部长也不由都督任命。沪军都督府及各部正副部长：

都督　　陈其美（同盟会会员）

司令部　部长：陈其美

副长：盛典型

参谋部　部长：黄郛（同盟会会员）

副长：刘基炎（同盟会会员）

军务部　部长：钮永建（同盟会会员）

副长：李显谟（商团临时总司令）

外交总长　伍廷芳（社会名流）

民政总长　李平书（前任上海自治公所总董，商团公会会长）

财政总长　沈缦云（同盟会会员、全国商团联合会会长）

交通部长　王一亭（同盟会会员）

海军部长　毛仲芳（海军起义将领）

上海军政府主要职位，由同盟会和上海绅商商团负责人及社会名流分任，它是一个以同盟会会员为主体的资产阶级政权。陈其美领导的沪军都督府成立后，成为同盟会和各种政治势力斗争中的一个得心应手的工具。

三、策应各方，光复东南

沪军都督府成立以后，陈其美配合同盟会驻沪机关，积极推动东南地区的光复。

几乎与上海光复的同时，杭州也光复了。

1911 年 10 月中下旬，陈其美曾两次赴杭州，与杭州革命党人商讨浙江起义计划，未果。10 月末，陈其美又派其助手黄郛到杭，召集浙江军警学界的革命党代表开会，推定了浙江起义的指挥官：临时总司令童保暄，参谋官葛敬恩等；一标司令官朱瑞、参谋官俞炜；二标司令官顾乃斌，参谋官吴思豫。褚辅成则担负起义后组织政府的任务。起义的日期定在 11 月 3 日至 7 日之间，到时，由上海方面给予人力、物力支持。

11 月 2 日，陈其美委派王金发、张伯岐、王文庆、蒋志清（即蒋介石）、董梦蛟、孙贯生、陈泉卿等率领 100 余名敢死队队员前往杭州，参与杭州起义，并派庄之盘、庄正瑛、赵平之、蒋着卿等携带发难费以及军械等前往杭州。据褚辅成回忆：庄之盘送来发难费 3600 元，吴文禧送来浙江都督印信，陈以义随身运送炸弹一箱。

11 月 3 日，上海起义的消息传到上海，顾乃斌、童保暄等当即决定于 4 日夜起义。经过一夜战斗，杭州光复，浙江巡抚增韫被活捉。杭州光复后，各界公推汤寿潜为浙江都督。

蒋介石等人率领敢死队在杭州光复会过程中发挥了重要的作用。他们原希望杭州光复后能占一席之地，但未能如愿。

上海光复后，陈其美利用江南制造局内储存的军火弹药支援镇江的光复。

11 月 5 日，陈其美发表《檄镇江文》指出：镇江为长江第三门户。吴淞、江阴光复后，长江第一门户和第二门户已为革命军所有，因此，镇江亦不难即日攻取。陈其美号召"忠义豪杰之士，均应乘时奋兴，共伸天讨，锄胡虏之恶政府，建立共和之新国家"。对于驻防旗兵，凡是竭诚归顺者，则以人道为怀，概免其死；对于顽抗革命军，为虎作伥者，杀无赦。

11 月 6 日，陈其美在上海与同盟会会员、驻镇江新军第三十六标一营管带林述庆等人具体研究了镇江光复事宜，决定由上海支持弹药。将攻克上海制造局后所获得的子弹 300 多万发全部运输到镇江，准备接济镇江光复之用。林述庆有了这批子弹，便秣马厉兵，准备待机而发。11 月 7 日，林述庆率新军在镇江京岘山起义，次日攻入镇江城，将驻防旗兵缴械。镇江宣布光复，成立军政府，林述庆任都督。

在上海、杭州、苏州、镇江相继光复后，东南重镇只剩下南京还掌握在清军手中。

驻防南京的是清新军第九镇。第九镇统制徐绍桢（1861—1936），字固卿，广东番禺人，以幕僚起家，由文改武，1905年出任第九镇统制，还兼任过苏淞镇总兵、江北提督，在军中有一定的威信。徐绍桢在军中引进了一大批革命党人，如柏文蔚、冷遹、赵声、林述庆、熊成基、倪映典等，他们在第九镇中秘密从事革命活动，传播革命思想，引起两江总督端方、张人骏等人的猜疑和防范，并且遭到忠于清王朝的江防会办张勋等部的挑衅，徐绍桢委曲求全，乃借秋操为名，于10月30日率领第九镇退驻南京郊外的秣陵关，等待时机。但城外旧军仍对新军采取包围态势，并把炮口对准了秣陵关。11月4日，两名满族军官怀枪求见徐绍桢，企图行刺。徐绍桢至此忍无可忍，决定率部投向革命军。

11月8日晨，第九镇在秣陵关誓师起义，分三路攻打南京，遭到张勋统率的江防军的顽强抵抗。新军由于缺乏弹药，经过一夜激战后被迫后撤，徐绍桢率部退到镇江，所部由镇江都督林述庆收编。徐绍桢旋即赴上海与陈其美等同盟会负责人接洽。

陈其美鉴于南京城内清军实力较为雄厚，必须联合江浙各地革命军一致行动，才能攻下南京。陈其美随即派黄兴长子黄一欧等人先到杭州和朱瑞联系，向朱瑞力陈组织联军会攻南京的重要意义，朱瑞欣然同意。随后，黄一欧等人又到苏州面见程德全、刘之洁，到镇江见林述庆，他们都赞成组织联军，并且认为越快越好。在征得各方同意后，陈其美即于11月11日以沪军都督的身份致电江苏都督程德全、浙江都督汤寿潜，正式提议组织江浙各处联军，会攻南京，并推徐绍桢为联军总司令，电文称："江宁民军退却，集合镇江，力图恢复。徐都督绍桢素为新军爱戴，此次剧战，亲冒锋镝指挥，退兵仍守纪律，尤见大将伟略。现苏、浙、沪赴授各军，若无主将，殊为危险。敝处决拟公推徐都督暂充此次克复江宁各军总司令，凡各路赴援水陆军队，统归节制调遣，以期统一兵权，早日克复，东南大局在此一举。一面电请徐都督即日任事，贵都督谅表同情，祈即转饬各军长官，均应暂归节制，至接洽军火，敝处当殚力以筹。"（莫永明、范然：《陈英士纪年》，第95—96页）

对于陈其美的提议，程德全、汤寿潜迅即回电赞成。但镇江都督林述庆却因不满意徐绍桢在起义前后的表现，通电要求改推总司令，柏文蔚"恐失上海诸君感情"，极力劝说林述庆"隐忍"，林始勉强同意。

13日，徐绍桢在镇江设立江浙联军总司令部。陈其美派遣洪承典为沪军先锋队司令，率领由商团与学生军临时编组的600人的队伍开赴镇江，听候调遣。苏、浙各地先后加入联军战斗序列的部队还有：林述庆率领的镇军3000人，朱瑞率领的浙军3000人，刘之洁率领的苏军3000人，黎天才率领的淞军600人，以及松江等地的巡防营等，总兵力万余人。

16日和20日，徐绍桢在镇江召集各军将校会议，决定分四路进攻南京。

在攻打南京的战役中，陈其美负起了后勤支援的重担，江浙联军总司令部的总兵站设在上海，各军所需的军械、军饷、服装、医药等等的补充均依赖上海供给。在此期间，陈其美"不分昼夜，兼筹并顾，苦心调度，使各方面都能如愿以偿，全力作战"。

戴季陶后来指出：南京之克复，军需接济，主要依赖上海。

从11月24日起，江浙联军陆继扫除了南京外围清军据点。28日，对南京城发起总攻，遭到城内清军的顽强反抗，联军进攻失利。徐绍桢急电陈其美，要求上海火速增调兵员，增援枪支弹药。陈其美接电后，立即增派革命军队。29日，从吴淞调陆军一标，用火车运往南京。30日，新招第一、第二标也开赴南京；沪军一营二标管带柳海斋和炮兵营管带成富贵也奉陈其美之命，率所部分乘火车和南琛兵舰前往南京助战。11 月 30 日，陈其美还向李平书等人借得快枪 500 支火速运到南京前线。

江浙联军在首次攻城失利后，决定先取城外制高点天堡城，然后俯攻南京。30 日晚，镇军从紫金山北坡，浙军敢死队从南坡攻击天堡城，新到的沪军也加入战斗，经过一夜激战，终于在 12 月 1 日黎明攻克了天堡城。天堡城一失，南京城便全部暴露在革命军炮口之下，无法据守。当晚，张勋率部渡江北窜，两江总督张人骏弃城而逃。12 月 2 日，联军入城，城内残余守军全部投降，南京光复。

四、偏听偏信，误杀功臣

1911 年 12 月 13 日，即南京光复后的第 11 天，镇军都督府参谋兼江浙联军参谋长陶骏保被陈其美枪杀于沪军都督府内，成为轰动一时的新闻。

对于陶骏保被杀事件，历来有种种说法。经过学术界多年的深入研究，确认是特殊背景下发生的误杀事件。

陶骏保（？—1911），字璞青，江苏镇江人。早年就读于南京陆师学堂，后到福建武备学堂任教。当时林述庆是该学堂学生，两人有师生之谊。1906 年，陶骏保随徐绍桢赴南京，入第九镇参与编练军队，旋任新军第九镇正参谋，后相继任第九镇第三十四标统带、江苏陆军小学堂总办。1911 年 11 月，林述庆在镇江发动反清起义时，因陶骏保系本地人，又是他过去的老师，便聘请他担任镇江都督府参谋。徐绍桢被推举为江浙联军总司令后，为了协调与林述庆的关系，邀请陶骏保担任联军参谋长。在林述庆与徐绍桢之间，陶骏保虽然也做过一些协调工作，但是其出发点是站在林述庆一边，并一再怂恿林述庆自称江苏都督。这就加剧了林述庆与徐绍桢之间的矛盾与冲突。

12 月 2 日，江浙联军攻下南京，林述庆率领的镇军首先进入南京。林述庆进入南京后，进驻两江总督府，并占领银行、电报局，用临时江宁都督名义安民，陶骏保署临时参谋总长。随后进城的浙军将领朱瑞等人认为林述庆独霸战果，和镇军发生武装冲突，江浙联军总司令徐绍桢也公开表示不与林述庆合作。为争夺江苏都督，各军将领剑拔弩张，南京城一片混乱。

当时，在上海的革命党领袖黄兴、宋教仁、章太炎、陈其美等决定与江苏的立宪派及旧官僚妥协，推举受立宪派及旧官僚拥戴的程德全为江苏都督，并让他从苏州移驻南京。随后，宋教仁与范光启等受命赶赴南京，调停林述庆与徐绍桢等人的矛盾，并劝林述庆退让。刚开始，林述庆尚无退让之意，他愤然对宋教仁说："革命党本非争官而来，必欲争，则请稍憩五分钟，余即可解决矣。"宋教仁连忙劝解道："毋出此，请君让之。"宋教仁还率直告诉林述庆，请他退让，系沪军都督陈其美的意思。这时，在旁的陶骏保越职代表林述庆表态说："诺。吾辈即出兵渡江，准备北伐。惟请沪军都督亦率健儿一同北上，争官不若争革命之为荣也。贪天之功，以为己力。陈其美能记忆上海光复后，争都督之事乎？"（章天觉：《回忆辛亥》，《辛亥革命史丛刊》第 2 辑，第 165 页）

陶骏保对陈其美反唇相讥，而陈其美偏又是一个记恨的人，自然对陶不利。

随后，林述庆发表通电，宣布取消都督名义，专心北伐，欢迎江苏都督程德全来南京莅任。林述庆在通电中还要求取消江苏省内几个都督（包括沪军都督、扬州都督、镇江都督等）并立的状态。林述庆随即将镇军撤出江宁，开往江北赴浦口、临淮关一线，并宣布就任北伐临淮总司令。

林述庆通电要求取消江苏几个都督并立的状态，陈其美认为这是故意与他为难，对林更加不满。恰巧此时的徐绍桢对林述庆也是余愤未消，跑到上海向陈其美告状，诬告林述庆扣押了上海支援江浙联军的子弹，导致江宁起义的失败。这些因素，促使陈其美陡起杀机，并准备借林述庆赴沪与黄兴会商北伐事宜的机会对林下毒手。

12月中旬，林述庆偕陶骏保来到上海，13日下午，陶骏保前往拜会陈其美，未料当即为陈其美枪杀。当时负责枪杀陶的郭汉章回忆说：

约在阴历冬月某日上午，江浙联军总司令徐绍桢和代理十七协协统沈同午来拜会都督陈其美，密谈甚久。是日下午三时许，又有镇军林述庆部参谋长陶骏保穿着新狐坎皮袍，乘坐马车来拜会陈都督，副官请他在客厅坐候。这时执法处奉陈都督命，草拟陶的罪状，宣布陶在九镇进攻雨花台时，中途截留由沪运往械弹，以致九镇遭受极大牺牲，应处以死刑，并当场在沪军都督府大堂执行枪决，由我负责执行，连打了十三枪，陶才毕命。同时我又奉命，率领便衣卫士前往跑马厅三泰旅馆二十一号房间，捉拿林述庆。迫我到达，林已远飏。我一面遵照命令指派卫士前往沪宁车站和各轮船码头分头缉捕，一面回府报告。事后闻知，系由于陶骏保的马车夫看到陶被枪决，奔回旅社报告，林即他遁。（《辛亥革命回忆录》四，第41页）

在枪杀陶骏保之前，有人提醒陈其美要慎重，但陈其美回答：“治乱丝，无从理，快刀斩之可也！”陈其美在枪杀陶骏保后，发表了《枪毙陶骏保告示》，并与程德全联名致电江浙联军，说明杀陶理由。14日，陈其美又分电各省都督，宣布陶的罪状。

对于陈其美枪杀陶骏保一事，徐绍桢、顾忠琛等皆称英士明察，有铁腕作风。

但当时在南京前线的柏文蔚则认为陶之被杀是陈其美听信了徐绍桢的一面之词而导致的“惨杀”。他说：“黄克强、陈英士误听徐绍桢左右一面之辞，杀了陶骏保。余闻信即赶往上海，向黄、陈等说明原委，以陶骏保在镇江与徐统制在南京失败，风马牛不相及。如此惨杀，对革命事业大有损失，以后希望大家慎重。时宋钝初在座，对余言深表同情，立令追回正法林述庆命令。"（《近代史资料》1979年第3期，第19页）

1912年3月7日，浙江联军司令部顾问、陶骏保之兄陶逊致函陈其美，对陶骏保被杀一事提出一连串责问。陶逊在信中指责陈其美"以沪上一隅，左右东南壁，大权在握，睥睨一世，执事之威亦盛矣。朱、郭之雄，广蓄门下，刀弹交错，从心所欲，执事之手段亦辣矣。欲杀竟杀，谁敢忤之？虽然，逊所恃者人道，所持者公理，敢为亡弟一鸣其不平，一明其不明。公若不背主张人道之初心，幸恕激切，开怀见诚，逐一答复"。

非常巧合的是，陈其美在杀了陶骏保后，又于1912年1月14日派人刺杀了陶成章。陶骏保与陶成章均姓陶，一为镇军参谋长，一为浙军总参议，两人均死于陈其美之手。时人异之，曰："惟可异者，浙、镇两军参谋姓同，种因同，而遇害亦同，其不同则一明一暗耳。"

五、筹建民国，举足轻重

革命的基本问题为政权问题。资产阶级革命党人长期浴血奋斗，其梦寐以求的就是推翻清王朝的封建统治，建立一个资产阶级的民主共和国。

武昌起义后，全国各省纷起独立响应，各省的陆续光复，为共和国的诞生奠定了基础。这样，建立全国性政权的问题也就很快被提上了日程。建立全国统一的中央政府的活动，是在武昌和上海两地分别进行的。

1911年11月7日，湖北都督黎元洪以"义军四应，大局略定，惟未建设政府，各国不能承认交战团体"为由，向各地军政府发出了征求意见电。11月9日，黎元洪又径自通电各省，要求派代表赴武昌，筹组临时中央政府。

与此同时，在上海、杭州、苏州相继光复后，江浙的革命党人、立宪派和旧官僚也在酝酿成立临时中央政府。而且，立宪派和反正的旧官僚们抢先了一步。张謇、赵凤昌等人还企图排挤陈其美，避开沪军都督府，并越过各省的都督府，集合起各省立宪派、旧官僚势力，来组成一个"全国会议团"。后来，他们经过反复研究后，意识到要越过各省都督府来组织临时国会有很大困难，要在上海开会又不让沪军都督府参与更是不可能。因此，不得不改变排挤陈其美的企图，于11月11日以江苏都督程德全和浙江都督汤寿潜的名义致电沪军都督陈其美，建议筹组临时会议机关。电文中说："自武汉起事，各省响应，共和政治已为全国舆论所公认。然事必有所取，则功及明于观成。美利坚合众之制度，当为吾国他日之模范。"因此，应该模仿美国独立战争里的"十三州会议总机关"，以收最后之成功。电文中并倡议："上海一埠，为中外耳目所寄，又为交通便利，不受兵祸之地，急宜仿照美国第一次会议方法，于上海设立临时会议机关；磋商对内、对外妥善之方法，以期保疆土统一，复人道之和平。"

　　次日，立宪派的雷奋、沈恩孚等又以江苏、浙江都督代表的名义，电请各省都督府，立即派出自己的代表赴上海会商组织"临时国会"。

　　对于立宪抢夺中央政权的企图，陈其美洞若观火。因此，对程、汤联名发出的电报，陈其美采取了置之不理的态度。13日，他单独向已宣布独立的武昌、长沙、安庆、南昌、苏州、浙江、太原、西安、福州、广州、济南、桂林、云南、贵州等14省军政府都督发出通电，请各省公举代表，定期迅赴上海，公开大会，议建临时政府，总持一切，以立国基，而定大局。

　　陈其美的这个电报，故意不提程、汤11日联名发给他的电报，却特别强调他是遵照黎元洪与林述庆的专电发出的。陈其美之所以这样做，主要有两点原因：第一，在会议代表组成上，程、汤通电主张由各省旧谘议局各选代表一人，各省现时都督各举一人，这表明立宪派企图使旧谘议局系统的分子在将要成立的临时国会中占据优势地位；第二，程、汤通电只提在上海设立临时会议机关，却矢口不提组织全国统一的中央政府，是因为立宪派早已有公认武昌为中华民国新政府的腹案。他们设想"政府设鄂议会设沪"，只要黎元洪承认上海的议会机关，他们就准备推举黎元洪为盟主，这实际上是立宪派企图排斥革命派，帮助黎元洪和袁世凯议和的计划。

对于立宪派的这种企图，陈其美坚决进行了斗争。斗争的结果，陈其美取得了胜利。在陈其美与苏浙代表参加的一次会议上，议定了组织各省都督府代表联合会，并由苏、浙、沪都督先派代表组成。

11 月 15 日，江苏、福建、上海都督府派出的代表在上海江苏教育总会开会，正式决定定名为"各省都督府代表联合会"，从而否定了立宪派张謇等人原先设想的由旧谘议局系统成员组成议会的设想。

总统人选是成立全国性中央政府的首要问题。在武汉主持战事的黄兴主张成立以孙中山为总统的中央政府，并派专人于 11 月 10 日将电稿送至沪军都督府，催孙中山立即返国。11 月 16 日，陈其美发表通电，公开要求选举孙中山为临时总统。18 日，陈其美又致电各省都督，转告江北都督来电的意思，称"大统领一席，非孙中山莫属"。

孙中山是众望所归的革命领袖。对此，连一些立宪派和旧官僚也是承认的。江苏都督程德全 11 月 14 日致电各省都督的电报中也称："大局粗定，军政、民政亟须统一，拟联东南各省军政府公电恳请孙中山先生迅速回国，组织临时政府，以一事权。"但他同时又指出，在孙中山回国以前，应由黎元洪代理。

陈其美等人在上海开会的主张很快受到黎元洪的挑战。黎元洪指出，既然鄂军都督府被公认为是中央军政府，那么各省代表会议也应在武昌召开。黎元洪并派居正等人赴上海，邀请各省代表赴武昌开会。对此，陈其美等人无以反驳。于是各省代表会决议赴武昌开会，同时各省留一人以上于上海，作为联络通信机关。

当各省代表到达武昌时，汉阳已经失守，武昌全城已处于清军炮火的威胁之下，代表们只好跑到汉口英租界顺昌洋行的楼上去起草《临时政府组织大纲》。

然而，时局又很快发生了变化。正当汉阳失守、武昌危急的关头，东南重镇南京已于12月2日宣告光复，至此东南底定。战场形势的这种变化对于临时政府所在地的争议产生了决定性影响。

陈其美和宋教仁等人本来就不愿意各省代表去武昌开会，更不愿看到黎元洪在湖北成立中央政府，所以当南京光复的消息传来，他们就集议将临时政府所在地由武昌改为南京。当陈其美听说黄兴在湖北督师失利，将要回上海时，立即表示："克强为革命军领袖，果来，吾辈当竭诚欢迎之，并以全力拥护之。"

12月1日，黄兴抵达上海，受到陈其美及上海同志的欢迎拥护。次日，在沪军都督府召开了一次重要的紧急会议，参加会议的除陈其美外，还有黄兴、宋教仁、章太炎、程德全、汤寿潜以及各省留沪代表。关于临时政府地点，黄兴主张南京，章太炎主张武昌，相持不下。陈其美等人为了达到将临时中央政府设在南京，并由黄兴担任大元帅的目的，不得不向江南立宪派和旧官僚做出重大让步：（一）由程德全出任江苏省都督，使程德全取得了江苏全省的最高统治权；（二）由张謇出任两淮盐务总理。

12月4日，留在上海的各省代表在江苏教育总会开大会，出席会议的还有陈其美、汤寿潜、程德全三位都督以及赵凤昌、章驾时、章太炎、王一亭、蔡元培、顾忠琛等各方面有影响的头面人物。会议议决：暂定南京为临时政府所在地，并公举黄兴为假定大元帅，即以大元帅组织临时政府。同时选举黎元洪为副元帅、兼任鄂军都督，仍驻武昌。

但选举黄兴为大元帅的动议，仍遭到一些与会代表的非议，一位老名士说：黎元洪在武昌首义，劳苦功高。先头赴武昌一部分代表，已举黎为中华民国军政府大都督，事实上为大元帅。今反被选为副元帅，在黄兴之下，太不合理矣。程德全的代表、湖南人章驾时感情冲动，极力附和其说，坚决要求推翻成案，以黎元洪为大元帅，黄兴为副元帅。

但陈其美等人没有理会这些反对意见，他一面为黄兴布置行辕，调遣军队；一面与程德全及各省代表准备召开欢迎大元帅大会。但黄兴鉴于反对意见很多，不肯贸然出任大元帅职务。经陈其美、程德全再三劝驾，黄兴始允明天开会重选。

12月5日，在江苏教育总会召开的欢迎大元帅会议上，陈其美力陈："昨日之选举，万不可作为无效；况大元帅责任重大，关系全国。方今北虏未灭，军事旁午，非有卧薪尝胆之坚忍力者，不足肩此巨任，故其美以为舍克强先生外，无足当此者。"（莫永明、范然：《陈英士纪年》，第114页）

但黄兴仍坚持不就大元帅，他在致词中仍称自己"才力不胜"，说自己"愿领兵北伐，誓捣黄龙，以还我大汉河山而后已；至于组织政府，则非兴所能担任者也"。会议开了两个小时，当有人指出"大元帅为一时权宜之计，将来中华底定，自当由全国公选大总统"时，黄兴才勉强答应就任大元帅。

然而，武昌方面对推黄兴为大元帅非常不满。并由黎元洪以湖北军政府都督名义通电要求取消上海方面的选举案。在这种情况之下，黄兴不得不于12月17日发出"力辞"大元帅的通电，并推黎元洪暂任。各省代表会议接到黄兴的通电后，遂又于当日改选黎元洪为大元帅，黄兴为副元帅，并决定大元帅不能在临时政府所在地时，由副元帅代行职权。21日，黎元洪致电各省代表会议，接受大元帅名义，并委黄兴代行大元帅职权。黄兴此时已获悉孙中山即将归国，遂推辞赴南京组织临时政府，以等待孙中山的到来。

12月25日，孙中山自法国巴黎取道香港，来到上海。当孙中山乘坐的"狄凡哈"号轮船进入吴淞口时，陈其美派出"建威"军舰前往迎接。当孙中山一行踏上十六铺金利源码头时，受到陈其美、黄兴及各界代表的热烈欢迎。

次日，陈其美与黄兴公宴孙中山，并商议组织临时政府方案。当晚，在孙中山行邸继续商讨组织临时政府方案，陈其美、黄兴、宋教仁、胡汉民、汪精卫、张静江、马君武、居正等在座。会上，宋教仁仍坚持采用内阁制，孙中山则坚持采用总统制。孙中山说："内阁制乃平时不使之首当政治之冲，故以总理对国会负责，断非此时常时代所宜。吾人不能对于唯一置信推举之人，而复设防制之法度。余亦不肯徇诸人之意见，自居于神圣赘疣，以误革命大计。"孙中山说完后，张静江立即附和道："善！先生而外，无第二人能为此言者，吾等唯有遵先生之意行耳。"孙中山的主张终于得以通过。

12月29日，在南京的各省代表会议开会选举临时大总统。孙中山得16票、黄兴得1票，孙中山以绝对多数票当选为中华民国第一任临时大总统。各省代表会立即通电中外，公布选举结果。正在出席上海同盟会欢迎孙中山大会的陈其美与黄兴等人，获悉这一消息，立即带头高呼："中华民国万岁！"

1912年1月1日，孙中山自上海启程赴南京，就任中华民国临时大总统。当孙中山离沪时，陈其美派出军队到车站持枪列队欢送。为了保证孙中山的绝对安全，陈其美派遣沪军都督府谍报科科长应桂馨和郭汉章等人组成卫队随护孙中山赴宁。同时，又派遣王金发化装成"总统专列随员"，身佩双枪，暗中保护孙中山。当时，陈其美还对邵力子说："我们革命党惯用暗杀手段对付清政府的显要权贵，也要防止他们用暗杀手段来伤害孙中山先生。有王金发担任秘密工作，就可以放心了。"

1912年1月1日晚11时，孙中山在南京宣誓就职，下令定国号为"中华民国"，以1912年1月1日为中华民国纪年的开始。

六、杀陶成章，酿成分裂

1912年1月14日，陈其美继枪杀陶骏保后，又指使亲信蒋介石，收买光复会叛徒王竹卿，将光复会领袖陶成章刺杀于上海广慈医院，结果又引起一场轩然大波。

陈其美为什么要刺杀陶成章？此事还得从同盟会与光复会之间的矛盾，特别是陈其美与陶成章两人之间的矛盾说起。

陶成章（1878—1912），字焕卿，浙江会稽（今绍兴）人。出生于小乡绅家庭，6岁入私塾读书。1893年起，在家乡任私塾教师，逐渐接触了一些新学书籍，萌发了革命思想。1900年义和团运动期间，曾打算趁混乱时机，刺杀清朝最高统治者慈禧太后，为此他两次到北京活动，未得下手机会。1902年夏，赴日本留学，先后入日本东京清华学校，成城学校读书。1904年初自日本回到上海，参加中国教育会的活动。陶成章奔走于浙江各府县，联络会党，策划反清革命。他曾三次徒步奔走于金（华）衢（州）严（州）处（州）等府，联络会党成员。他经常是日行八九十里，用麻绳束腰，脚穿芒鞋，蓬首垢面，惨淡经营。在联络会党有了头绪之后，回到上海，与黄兴、蔡元培等计划于11月16日（慈禧太后七十岁生日）在湘、鄂、闽、浙等省再次发动起义。但因条件不成熟，起义计划流产。同年10月，陶成章与蔡元培、龚宝铨等在上海发起成立光复会，推举蔡元培为会长，其誓词是"光复汉族，还我河山，以身许国，功成身退"。光复会成立后，陶担任联络苏、浙、闽、皖、赣五省会党工作，他深入各地开展细致的工作，在会党中享有较大的威望。1905年9月，陶成章与徐锡麟在绍兴创办大通师范学堂，作为革命的联络机关。召集浙江金、处、绍三府所属各县会党首领到校，进行军事训练。并规定，凡入校学生都是光复会员，毕业后仍受学校领导人统辖和节制。1906年，陶成章被推为光复军五省大都督，计划在各省同时发动起义。旋即被清吏侦破，机关遭破坏，陶成章再次东渡日本。1907年1月4日，陶成章在日本东京参加了同盟会，稍后担任了同盟会浙江分会会长。同年夏天，因徐锡麟在安徽活动卓有成效，陶成章便回国到芜湖中学任教，以便就近联系，共同推进革命工作。7月，徐锡麟在安庆刺杀安徽巡抚恩铭后，率巡警学堂学生起义，战败被俘，惨遭杀害。不久，秋瑾在浙江绍兴谋响应起义，也被清吏捕获，壮烈牺牲。陶成章也受到清政府的通缉，被迫流亡南洋一带。1907年夏间，章太炎、张继、刘师培等借经费问题掀起反对孙中山的风潮，并且无理地要求革除孙中山总理的职务，改推黄兴为同盟会总理。只是由于黄兴坚决支持孙中山，章太炎等人的企图才未能得逞。但经过这次风潮后，孙中山就不大愿意过问同盟会在东京总部的工作。1908年，孙中山在新加坡设立同盟会南方支部，委亲信胡汉民为支部部长，南方支部实际上成为与东京总部并峙的中心。1908年3月，陶成章到东京接替张继主编同盟会机关报《民报》。同年9月，陶成章前往南洋为《民报》筹款，要求孙中山为他筹款5万元。由于章太炎与孙中山不和，而陶又支持章，以致孙中山对陶来南洋活动也怀有戒心，借故拒绝了陶的要求。陶的要求没有得到满足，对孙中山更加不满，但尚未决定与孙中山分家。1909年9月，陶成章在南洋槟港，与李燮和等人以川、广、湘、鄂、江、浙、闽七省同志的名义起草了一份《孙文罪状》，罗列了孙中山的所谓"谎骗营私""残贼同志""蒙蔽同志""败坏全体名誉"等共三种十二款"罪状"，要求开除孙中山的总理职务。陶成章带着这份罪状来到东京，找黄兴，要求同盟会总部开会讨论。

《孙文罪状》纯系不实之词，它虽然得到了章太炎等少数人的支持，但遭到了黄兴等大多数革命党人的拒绝。黄兴、谭人凤、刘揆一等联名发表长达千余言的致李燮和等人的公函，逐条为孙中山辩解。黄兴还表示："陶等虽悍，弟当以全力拒之。"

陶等见反孙不成，便决计与同盟会分家。他对章太炎说："逸仙难与图事。吾辈主张光复，本在江上，事亦在同盟会先，遏分设光复会？"陶的提议，得到章太炎等人的赞成。1910 年 2 月，光复会在东京成立总部，推章太炎为会长，陶成章为副会长。在光复会会员较多的南洋设立执行总部，代行东京本部职权，李燮和、沈钧业、魏兰为执行员。光复会成立后，公然"以反对同盟会干部为号召"，并骎骎有取同盟会而代之之势。陶成章等人将会党中的宗派情绪带到革命队伍中来，导致了革命队伍严重分裂。

1911 年，在筹备广州起义期间，光复会与同盟会的关系有所缓和，李燮和且在南洋为起义筹了款。广州起义失败后，赵声忧愤成疾，不治身亡。陶成章等怀疑是胡汉民下毒，再次对同盟会产生疑忌。同年 7 月，陶成章应尹锐志、尹维峻姊妹之邀，回到上海，组织"锐进学社"，作为光复会的秘密联络机关。当时，陈其美、宋教仁、谭人凤等正在酝酿成立同盟会中部总会，准备在长江中下游发动革命。7 月 26 日，陈其美与陶成章在沈缦云宅开会，讨论同盟会与光复会合作问题中，会议中，陶成章与陈其美发生争执，陈其美一怒之下，竟掏出手枪要打陶成章。陶成章惧怕陈其美不利于己，便匆匆离开上海，前往南洋。

武昌起义后，陈其美与李燮和合作，共同光复上海。

上海光复后，陈其美采取非常手段出任上海都督。李燮和不仅没当上都督，而且连原来的沪军总司令也被解除，陈其美仅给他安排了个小小的参谋职务。这样一来，光复会方面大哗。"有人主张逮捕陈其美，治以违令起事篡窃名义之罪"。但李燮和考虑再三，以为武昌起义不久，上海刚刚光复，全国形势还没有稳定，如果兄弟阋墙，不但引人耻笑，而且要贻误革命全局，因而坚决主张退让。11 月 9 日，李燮和率部去吴淞成立吴淞军政分府及光复军总司令部，自任总司令，并宣布只承认苏州军政府为江苏全省军政府，与陈其美的沪军都督府处于对立地位。

陈其美大为不满，首先派出刺客企图刺杀李燮和。据余焕东回忆，当他与李燮和在吴淞车站乘车往上海时，忽有人从车窗外开枪，将李燮和的随身卫士击毙。陈其美本想以武力解决吴淞军政分府，但因实力不够不得不放弃。陈其美随后又派出某会党头目持枪到李燮和的吴淞军政分府，与李谈判，勒令李取消军政分府。李表示同意，改为光复军总司令部。

武昌起义后，陶成章也从南洋回国，在浙江、江苏等地号召旧部起义响应。1911 年 11 月 5 日，杭州光复后，推汤寿潜为浙江都督，陶成章任总参议。此时的陶成章仍采取与同盟会对立的立场。12 月 2 日，南京光复后，在上海的各省代表，联合会上，陈其美等人极力推举黄兴为大元帅，而光复会的章太炎、陶成章等人则主张推黎元洪。12 月 4 日，会议本已推举黄兴为大元帅，黎元洪为副元帅，可陶成章等运动军队出来反对。在陶成章等人的鼓噪下，以朱瑞为首的江浙将领对黄兴肆意侮辱，他们说："此人（指黄兴）弃武汉而来，若令守南京，不又弃南京耶？"他们扬言"不愿隶汉阳败将之下"。黄兴受此大辱，愤而拒绝接受大元帅。对于陶成章等人的蓄意作对，陈其美恨得咬牙切齿，他托浙军参谋吕公望转告陶成章："勿再多事，多事即以陶骏保为例。"

1912 年 1 月 1 日，孙中山就任南京临时政府大总统后，陶成章却旧事重提，他写信给孙中山，再次提起"南洋筹款"之事。为此，孙中山愤而复书，责问陶在南洋发布《孙文罪状》之理由。

除陶成章与同盟会的旧仇新恨外，陈其美与陶成章个人之间的利害冲突也进一步尖锐化，突出表现在以下几个方面：

第一，陶成章拒绝陈其美再协饷要求。

当陶成章从南洋回国时，陈其美向陶成章提出分享他从南洋带回来的捐款。但陶却说："你好嫖妓，上海尽有够你用的钱。我的钱要给浙江革命用，不能供你嫖妓之用。"陶成章还对光复会干部李燮和、王文庆、吕公望等说："陈英士是一个没心肝的人，我五年来在新加坡等处筹来的款约一百十万左右，汇英士组织革命之用，现在我回去一查，英士就是大嫖大赌用却，对于革命毫无组织过，现再不与他合作了。"（《吕公望亲笔稿》，《近代史资料》第87号）稍后，陈其美在上海筹办中华银行，向浙江都督汤寿潜要求协饷25万元，作为发行纸币的准备金。当时陶成章在浙江军政府任总参议，汤寿潜即向陶成章征求意见，陶表示"容缓商"，汤寿潜即复电陈其美拒绝协饷。后来，陈其美当面质问汤寿潜，汤答以陶成章不允。这一切，使得陈其美对陶成章大为不满。

第二，陶成章在上海练兵，并号召旧部，直接威胁陈其美在上海的地位。

1911年11月下旬，陶成章在上海设立"驻沪浙江光复义勇军练兵筹饷办公处"，招募义勇军。陈其美认为陶成章此举是针对他而来。他派蒋介石赶到杭州，向吕公望说："陶焕卿、李执中等组织张伯岐先锋队，带到上海去打陈英士，陈英士要我劝解。"吕公望赶到上海，对陶成章说："洪、杨革命不成功，是自相残杀，我们正开始，南京尚未攻下，你们就要自相残杀，我们究竟革什么命？我劝你们眼光放远大些。现在你们要真真实实答复我一句话，我好决定行止，否则，我南京也不去攻了。"陶成章听了吕公望一番话，只好表示："好，我不打陈英士，我们自己到吴淞，占一小地盘，组织队伍，亦赶来攻南京。"

促使陈其美刺杀陶成章的最大原因，很可能是由谁来继任浙江都督一事。

南京临时政府成立后，汤寿潜出任交通总长，其所遗浙江都督一职，汤寿潜建议在陈其美、章太炎、陶成章三人中择一以代。从当时舆论来看，几乎是一边倒地拥护陶成章出山。

有人说："陶成章早一日莅任，即全浙早一日之福。"甚至还有人说："继其任者，惟有陶焕卿，斯人不出，如苍生何！"

章太炎也积极为陶成章出山而活动，他在致杭州的电报中指出："蛰公（汤寿潜）举炳麟及陶焕卿、陈英士代理浙事。英士在北伐，炳麟愿作民党。焕卿奔走国事，险阻艰难，十年如一日。此次下江光复，微李燮和，上海下举；微朱价人（瑞），南京不下，而我浙之得力于敢死队者甚多，是皆焕卿平日经营联合之力。且浙中会党潜势，尤非焕卿不能拊慰。鄙意若令代理浙事，得诸公全力以助，必为吾浙之福。"

有学者指出：陈其美既舍不得丢掉地位重要的沪军都督去当浙江都督，但若由陶成章出任，陈其美也不会安枕，这就促使陈其美下决心除掉陶成章。这种说法不一定完全正确，因为也有人认定陈其美有与陶成章争浙江都督的意图。

在陶案发生之前，上海即已有陈其美将刺杀陶成章的传说，陶意识到事态严重，先后避居于上海客利旅馆、江西路光复会机关、汇中旅馆、广慈医院等处。

1月7日，陶在《民立报》发表一则通告，表白说："当南京未破前，旧同事招仆者，多以练兵筹饷问题就商于仆，仆未尝敢有所推诿。逮南京破后，仆以东南大局粗定，爰函知各同事，请将一功事宜，商之各军政分府及杭州军政府，以便事权统一，请勿以仆一人名义号召四方，是所至祷。恐函告未周，用再登报声明，伏希公鉴。"

1月11日，陶成章又致电各报馆并转浙江各界，称："公电以浙督见推，仆自维轻才，恐负重任。如汤公难留，则继之者非蒋军统莫属，请合力劝驾，以维大局。"

陶成章的通告和通电表明，他已经意识到自己的处境的危险性，他希望通过这一番表白，告诉政治对手他不会对别人构成威胁，并希望以此远祸保身。然而，陶的这一番苦衷却不为他的"旧同事"们所理解。浙东的沈荣卿、毛修洁、蒋演、腾珏等以全体党员的名义通电各报馆并转陶成章，声称："顷阅先生通告，骇甚。先生十余年苦心，才得今日之收果。吾浙倚先生，如长城，经理浙事，非先生其谁任？况和议破裂，战事方殷，荣等已号召旧部，听先生指挥。先生为大局计，万祈早日回浙筹备一切，若不谅荣等之苦衷，一再退让，将来糜烂之惨不可逆料，敢布区区，敬达聪听。"（《辛亥革命浙江史料选辑》，第 356 页）

沈荣卿等人不曾料到，他们的这通电报却成了陶成章的催命符。陈其美并没有因为陶成章的退却而取消刺陶计划，将刺杀任务交给他的盟弟蒋介石执行。蒋介石受命后，收买了光复会的叛徒王竹卿充当凶手。蒋设计弄清了陶成章在法租界金神父路（今上海瑞金二路）广慈医院的住址，1月 14 日凌晨 2 时许，王竹卿等 2 人潜入广慈医院，登楼直奔陶成章所住的病房，大呼："陶先生！"随即开枪射击，子弹从左颊入，斜穿胸部，陶当即身亡。

后来，蒋介石写了一份《中正自述事略》，坦承他受陈其美之指使刺杀陶成章的前后经过及其刺陶理由。学者认为，蒋介石在自述中提到陶成章曾告诉他准备刺陈其美，很可能是蒋故意编造出来的谎言。众所周知，蒋介石是陈其美的心腹，并且两人是结拜的金兰兄弟，陶成章怎么会糊涂到向蒋介石透露刺陈方案，并动员蒋介石充当刺陈凶手呢？蒋介石编造这个谎言反诬陶成章，无非是要说明他刺陶的正当性。其实，不管是出于哪种理由，以暗杀手段从事政治斗争均是错误的。

陶案发生后，全国为之震惊。不明真相的临时大总统孙中山于 1 月 15日致电陈其美，要他负责缉拿凶手，"以慰陶君之灵"。17 日，黄兴也致电陈其美，要他"照会法领事根缉严究，以慰死友，并设法保护章太炎君为幸"。

在孙、黄的催促下，陈其美不得不出资 1000 元，悬赏捉拿凶手，以掩天下之耳目。在陶成章被刺一周后，陈其美还亲自主持了陶成章追悼大会。也许因为心虚，陈在致词中只简单地应付了几句，称"此时北廷未覆，光复未奏全功，同胞当努力继绍诸烈士之志，以慰烈士之心"。（《辛亥革命浙江史料选辑》，第 359 页）

但与会的沈剑侯（定一）、孙铁舟等却情绪激昂，相继发表了火药味很浓的演说，当着陈其美的面，严厉谴责暗杀陶成章的卑鄙勾当。沈剑侯说："陶公之死，非死于汉奴，非死于死仇，必死于怀挟意见之奸竖，吾同胞当必代为雪仇。"孙铁舟称："陶君之死，必死于争竞权利之徒，如嗣后有挟私害公者，当以手枪杀之！"言毕，孙即掷手枪于案，颇为激烈。陈其美听了这些充满复仇意识的演讲，心惊不已。为掩盖真相，陈其美决定让蒋介石出国暂避风头。

陶成章是光复会的核心人物。陶一死，光复会遂丧失了灵魂人物，势渐瓦解。作为光复会文人领袖章太炎因公仇无以为报，遂与立宪派旧官僚为伍，倒入袁世凯的怀抱，日以诋毁孙（中山）、黄（兴）、陈（其美）为能事。拥袁倒孙，对民初政局产生了相当严重的后果。

第四章
沪军都督生涯

一、军政府内外政策

陈其美领导的沪军都督府是以资产阶级革命派为主体的政权，在它存在的十个月时间里，实行了一系列的政策措施，以涤除清朝封建专制统治的痕迹，建立起了资产阶级的新的统治秩序。

在经济政策方面，主要采取了以下措施：

（一）尽行豁免一切恶税。《上海军政分府宣言书》指出："本军政分府又念我苏、浙等省，民困已久，暴征苛税，是皆满清之虐。而江南水荒，收获寡，谋生不易，用特将江、浙、皖、闽境内一切恶税，尽行豁免，以纾我父老之难，而免奔亡之苦。"其具体措施是：（1）除盐、酒、糖各税捐外，所有统税关卡，一律永远裁撤。（2）除海关外，所有税关一律永远裁撤。（3）本年下忙丁漕，概行蠲免。（4）本年以前积欠丁漕，概行蠲免。（5）各属杂捐，除为地方所用者外，概行豁免。

（二）维持市面。陈其美在致上海市总商会的照会中宣布："上海为华洋巨埠，兼之市面紧急，深恐惹起意外。本军政府用特收回自保，要使中外侨民，安如磐石。久稔贵会为商界之总机关，务望在各商家遍给传单，剀切晓谕，维持市面。须知此起义，为吊伐而来，师到这处，一草一木，秋毫无犯。商仍为商，工仍为工，幸勿虚事张皇，致碍贸易，无任盼祷。"随后，又发出了《各安生业开市贸易告示》，宣布："所有本埠居民人等，俱可各安生业，开市贸易。"

（三）稳定金融。在《完全担保信成银行钞票告示》中，陈其美宣布："照得本军政府自管理上海以来，首重维持市面，而以流通金融为第一要义。近来上海市面恐慌，达于极点。然目前急救之法，惟有流通钞票，使全市行用，方可补救。"

（四）拆除城墙。上海光复后，绅士姚文枏等以城墙阻碍商业发展为由，呈请拆除上海城垣，改建宽敞马路，以振兴商业。陈其美接呈后，当即批示："拆城为振兴商业之基础，所见极真，应即照准。"

在社会习俗改革方面，陈其美领导的沪军都督府采取了以下一些措施：

（一）建元改历。1912年1月2日，孙中山通令各省改用阳历，并以1912年1月1日为中华民国建元的开始。同一天，陈其美发布通告，转发孙中山的通令，称："本日（阴历十一月十二日）奉大总统孙谕令，以本月十三日为阳历元旦，我民国百度维新，亟应及时更用阳历，期于世界各强国同进文明，一新耳目等因。为此，布告军民各界人等知悉，以黄帝纪元四千六百九年十一月十三日，着改为中华民国元年正月第一日。从前行用阴历，一律变更。孙大总统即择于元年元旦就任，发号施令，与天下更始。"

（二）通令剪辫。清朝统治者对汉族人民采取"留发不留头，留头不留发"的政策，这是清朝统治者实行民族压迫政策的一个重要标志。武昌起义后，各地群众自发起来剪掉辫子。1911年11月10日，陈其美发布《剪辫告示》，"剪去辫发，除此数寸之胡尾，还我大好头颅。……仰各团体苦口实力，辗转相劝，务使豚尾悉捐，不惹胡儿膻臭，众心合一，还我上国衣冠"。

（三）禁吸鸦片。1912年2月20日，陈其美发布《禁吸鸦片告示》，严禁吸食鸦片，告示云："如有私卖灯吸者，一经查出，财产立即发封，本犯严行惩办。本都督非欲以强迫手段施之同胞，实欲除恶务尽，不欲留污点以贻民国前途之隐患。仰诸界人等，其各禀遵毋违。"

（四）禁止赌博。赌博亦是旧中国的一大陋习。按照惯例，在清代，旧历春节至元宵前，民间即开场聚赌，危害很大。1912年2月21日陈其美发布禁止赌博告示，云："惟满清时代，民间于元宵之前开场聚赌，大则倾家荡产，小则争攘斗殴，伤风败化，莫此为甚。现在民国新立，旧染污俗，悉行蠲除，凡我同胞，皆当随时世之转移，为新国民之模范。为此，通饬严禁赌博，除照会各国领事取缔租界不准华人赌博外，仰各界体遵照，如违定予严办。"

由于中国资产阶级先天力量的弱小，以孙中山为代表的资产阶级革命党人不可能也不敢提出反帝反封建的口号。在对待帝国主义列强方面，孙中山在就任临时大总统后，即迫不及待地宣布："凡革命以前所有满政府与各国缔结之条约，民国均认有效"；"革命以前，满政府所借之外债及所承认之赔款，民国亦承认偿还之责，不变更其条件"；"凡革命以前满政府所让与各国国家或各国个人种种之权利，民国政府亦照旧尊重之。"如果对于帝国主义列强强加在中国人民头上的一切不平等条约，无条件地加以"承认"，那么中国怎么能摆脱半殖民地的地位？

在对待农民问题上，以孙中山为首的革命党人虽然也提出过解决土地制度的主张，即"平均地权"，并把它作为同盟会的三大纲领之一。但南京临时政府公布的宣言和政策文件中，一个字也不敢提及反对封建土地制度问题，根本没有勇气触及中国封建制度的核心问题。以孙中山为首的南京临时政府如此软弱，以陈其美为首的沪军都督府同样也不敢触及反帝反封建的问题。

在对待帝国主义列强方面，陈其美多次发布保护外国人利益告示，声称："本军政府声明，凡力之能及，莫不尽法保护，其未宣布民国以前，一切条约赔款借款等，均归本军政府担任。而外人冒犯损失，日后亦由本政府津贴。本政府志在改良政治，使中国列入强国之内，而致世界和平，自此以往，外人在我中国，一无疑忌，无地不通。至于近日沪市恐慌，万望竭力扶持，一俟新政府成立之后，自当担承清理。"陈其美还发布告示，称："沪上华洋辐辏，商旅云集，我军人尤应尽力保护，敬礼外人，以睦邦交而免交涉……洋人生命财产，切勿乘此相侵。"陈其美还明令禁止在租界和外轮上搜捕逃犯，禁止军人持枪进入租界，甚至因徐家汇一带时有外人往来，陈其美亦禁止华人进入，以免误会，等等。

陈其美虽然不敢反帝，但对被帝国主义列强欺凌压迫的弱小民族还是非常同情的。

据陈果夫回忆，1912年间陈其美在上海与朝鲜志士组织了一个名叫"新亚同济社"的秘密结社，该社的目标是谋朝鲜独立。陈其美担任该社监督，在物质上、精神上均给予了支持。

另外，越南爱国志士潘佩珠回忆，他于1912年2月下旬，到南京求见南京临时政府大总统孙文和陆军总长黄兴，谈及援越事。潘在路过上海时，也拜访了陈其美，他说："陈（其美）豪侠慷慨，余前所亲稔。彼于奔走革命中，尤与余同病。余晤彼，乃不复作客气语，直告以困苦乞援之实情。陈素解余意，毫无踟蹰，以四千元相赠。余又告以派人回国内行大运动。剧烈之暴动，陈初不以为然，谓君等宜于教育入手，无教育之国民，暴动不能为功。余答以我国教育权，完全在法人掌握，法人所立之学堂，完全为奴隶之教育，禁私立学堂学生出洋。凡百教育之工具，我辈无一毫自由。我国人求一生于万死之中，惟有暴动，暴动者为改良教育之媒介也。予因举马志尼教育与暴动同时并行一语以告，且历举以来失败之详情，如东京义塾、广南学会等事，反复详解。陈大然之，遂给予以军用炸弹三十颗。余所挟义以来希望，至此粗慰。"（陈锡祺主编：《孙中山年谱长编》上册，中华书局1991年版，第668—669页）

在对待农民问题上，陈其美领导的沪军都督府没有发表过一件涉及土地问题的法令和政策。相反，当农民自发起来进行抗租抗税斗争时，陈其美却采取了坚决镇压措施。当时的上海报纸上，有关陈其美派遣军队镇压农民抗租抗税斗争的新闻比比皆是。

以孙中山为代表的资产阶级在掌握了政权后，轻易地抛弃了农民这个最广大的同盟军。在以后捍卫政权的斗争中，资产阶级革命派总是显得力量弱小，不得不一再妥协让步，及至丢掉政权。

二、建立沪军与筹款

上海光复后，陈其美立即着手建立一支由革命党人掌握的军队，以推翻清王朝的反动统治。

为此，陈其美于1911年11月11日发布告示，宣布将保卫地方事宜计划归民政总长李平书办理，以便自己一意编练军队，筹划征讨大计。

沪军机关成立后，上海各界群众踊跃报告参军，出现了"争先恐后，人心欢跃，亘古罕闻"的动人景象。招兵名额很快满员，前后招兵3万余人。到1912年2月11日，南京临时政府陆军部下令将全国各军编成建制，军队亟应调查明晰，预备划分管区，以期统一而免分歧。陈其美派出的援宁沪军与赣军一部合编成陆军第七师，以洪承点为师长，驻南京；另一部沪军与防营合编为第十六师，师长顾忠琛，驻镇江。驻防上海的沪军改编为2师1混成旅，即第十师（师长吴绍璘）、第二十三师（师长黄郛）及混成第三旅（旅长不详），总兵力有2万余人。

为了整顿军队纪律，陈其美发布了一系列极为严厉的军律军规，计有《军律十条》《赏例八条》《惩罚令二十七款》《军机律十条》《逃亡律八条》等。如《军律十条》即规定十种情况一律处以死刑：违抗上官命令者，处死刑。扰害闾阎，奸淫掳掠者处死刑。奔投敌人营及临阵脱逃者，处死刑。盗卖军用品者，处死刑。泄漏军情及散布谣言、摇惑军心者，处死刑。临阵探报不实，诈功冒赏者，处死刑。未奉命擅自进退驻防守不严妄自惊扰者，处死刑。愤争私闹而擅用枪械者，处死刑。加害外人生命财产及扰害公共治安者，处死刑。招摇撞骗及借端聚众滋事者，处死刑。这些严刑峻律，对保证良好的军纪具有重要作用。

养兵就需钱，这是一条千古不易的道理。

上海光复后，陈其美宣布废除了清政府原来的苛捐杂税。上海的海关关税本来可以成为沪军都督府的重要财政来源。但是帝国主义列强不愿看到革命党人将关税用于支持军事活动或者应付叛军政府其他迫切需要。因此，一反过去将关税存在中国的银行的惯例，强行改由外国人直接掌握。前清上海道台保存的库银和证券，也被带到租界，虽经陈其美派人交涉，仍遭领事团的无理拒绝。列强还宣布："在新政府得到列强承认以前，这些抵押品是不能移交的。……在清政府恢复它的统治权，或在一个新政府得到列强承认以前，对于任何交出租界上人员或财产的要求，均不能加以考虑。"

对于帝国主义列强的无理干涉，陈其美又不敢采取断然措施。这样一来，陈其美所能得到的，就只有上海租界盐栈每月8000元的收入。这区区收入，对于沪军都督府浩繁的支出，可以说是杯水车薪，无济于事。

为了解决严重的财政危机，陈其美采取了以下措施：

第一，寻求上海资本家的支持。

上海光复前，陈其美即与上海资本家，特别是浙江湖州籍和宁波籍的资本家建立了比较紧密的联系，上海信成银行经理沈缦云等还参加了同盟会。上海光复后，上海资本家对新生的资产阶级政权给予了有力支持。光复前后，9月13日、14日两次所发的军饷，大半由上海信成银行、四明银行发出。沈缦云、王一亭、朱葆三、虞洽卿等均垫支了大额军费。据统计，陈其美在沪军都督任内，累计向商界共借款366万两。所以陈其美后来指出："沪军军饷皆承财政司朱葆三先生及各界之力多方告贷而来。然筹借之款，只可敷各军队伙食之用。"

第二，筹办中华银行。

1911年11月11日，陈其美宣布"创设中华银行，以为整理财政之枢纽"。中华银行总行设在上海南市，分行设于北市。股本金定为银洋500万元，分为100万股，每股5元。公股、商股各占一半。商股向社会公开募集。中华银行具有中央银行性质，经理国家所有一切税赋饷项，同时兼理沪军政府发行的军用钞票、公债票等业务。设立银行的资本金，陈其美除了向各方筹集外，还希望得到立宪派头面人物张謇等人的支持。11月18日，陈其美通电公推张謇为两淮盐务总理，希望以此换取张的支持。但张謇等立宪派头面人物别有所图，不会真心与陈其美等人合作。11月29日，张謇复电陈其美，称一切办法，俟日内程都督回苏商议。实际上，这不过是张謇的敷衍应付之词罢了。

筹集不到资本金，陈其美不得不发行大量没有准备金的公债票和军用票，以救一时之急。陈其美还一再通令中华银行所发行的公债票及军用票一律通用："本军政府当负完全责任。所发各种钞票，务须一律通用，流行无滞，庶于金融机关有所裨益；并须深明此义，不得有故意克扣压抑情事。"

第三，向社会各界募捐。

1912年12月1日，陈其美公布了募捐规约和募捐办法。经陈其美批准，广肇公所、光复军第四营梁少文、林檀浦、军事募捐团、女界协赞会、女子军事团、龙门师范附属小学、协盛和柴炭号、三和新煤号、绸业董事汪思敦、上海商民术减房租联合会刘昌君、仁和号魏德、南洋公学附属小学等数十个团体和个人取得了募捐资格。沪军都督府也设立了中华民军协济总会，总会设在上海英租界江西路60号，由陈其美负责，成员有姚勇忱、沈虹斋、蒋介石、虞洽卿、黄梦九、邬振责、贾子和、张公威、马季常、陆兰修、王季高等大约60人。募捐对象为前清官僚拥有巨款潜居上海的，或者是各地奸商土豪居住上海的，经过总会和分会联系调查后，向他们动员募集军饷。如有抗拒情形，即行逮捕，押缴募集的款子，由总会上交沪军都督府，作为革命军的军饷。

在募捐过程中，恫吓勒捐的情况比比皆是。有人甚至借军政府筹饷为名，设立拼死团名目，向殷实绅商量入财产多寡勒捐巨款，并以炸弹手枪恫吓。甚至在公共租界，也有人自称民军用恫吓手段勒令富户捐助军饷情事。不仅引起上海公共租界领袖总领事的抗议，甚至临时大总统孙中山也不得不出面干预。为此，陈其美不得不三令五申，禁止恫吓勒捐，并且声明，一经拿获，将"从重治罪，决不稍宽"。但收效甚微。

募捐运动，搞得沸沸扬扬，但成绩却并不理想。当宣统皇帝宣布退位，南北议和开始时，陈其美即于1912年2月21日宣布停止劝募军饷，并取消一切募捐团体。据统计，到1912年9月，各界募捐总额只有57万两。

当时，外界传言陈其美在沪军都督任内举动豪侈，挥金如土，并累积了数百万元之家产。这些都不是事实。据熟悉陈其美的人称，陈治家甚严，自奉甚俭。担任沪军都督时，其公馆只是两幢简陋的房屋，其夏季服装只有炎青色生丝长衫和生纺长衫各一件，两件衣服轮流穿，且皆是半旧。身为都督，夫人且亲自洗涤衣服。由于陈其美不事积蓄，当"二次革命"失败后，亡命日本东京时，经济上即发生了严重困难，常常身边只剩下几角小银圆。到陈其美遇难时家无余资，夫人和小孩的生活都几乎不能维持，后来，由革命同志设法才解决。

但另一方面，陈其美手下良莠不齐，特别是他重用的那批会党头目，在辛亥革命后坐江山、挥霍享受的习气确实比较突出。连邵元冲写的《陈英士先生革命小史》也承认："他部下有几个不良分子曾攫得多金。"据身历其事的余芷江回忆："沪军都督府成立以后混乱得很。经济账目，包括许多的捐款账目在内，始终没有弄清楚。我曾看见过一篇账：买两把藤椅竟要二十八元之多。”

由于种种原因，陈其美在沪军都督任上，始终没有解决财政困难问题。军饷只发到 1912 年 3 月，4 月份以后即欠发。1912 年 5 月 27 日，陈其美在复袁世凯政府财政总长熊希龄的电报中说：“美自去秋举义，待罪沪滨，处此冲繁要地，送往迎来，凡各省运械及各种供张，事前秘密之布置，善后结束之绸缪，无一事不需现款，无一日不坐愁城，百孔千疮，万分支绌。”（《辛亥革命在上海史料选辑》，第 443 页）

三、司法公案之争论

陈其美在任沪军都督期间，还与南京临时政府司法总长伍廷芳打了一场历时数月的笔墨官司，在南京临时政府时代算是一桩引人瞩目的新闻。

这场官司是由姚荣泽案的审判问题引起的。

姚荣泽，原为清朝江苏省山阳县（今淮安市）最后一任县令。武昌起义爆发后，南社著名诗人周实（1885—1911）、阮式（1889—1911）回到山阳县组织巡逻部，周、阮分任正副部长，参与光复山阳。后周、阮惨遭姚荣泽杀害。姚在残杀周、阮二人后逃到通州（今南通市）藏匿，受到通州“土皇帝”张詧、张謇兄弟的庇护。

著名诗人柳亚子惊悉周、阮被害的噩耗，悲愤欲绝地写下了《哭实丹烈士》诗，并为其伸张正义，惩凶复仇，到处奔走呼号，做了大量工作。他在 1936 年写的《我与南社的关系》一文中说：“在这个时候，我是把全部生命都交给周、阮一案了。”

柳亚子在《民立报》《太平洋报》等报刊上披露周、阮被害的噩耗后，舆论哗然，群情激愤。接着，柳亚子与朱少屏等联名上书沪军都督陈其美（南社成员），告以“虏令无状，一日杀二烈士，不扑杀此獠，无以谢天下”。

周实的父亲周鸿焘亦呈请昭雪。陈其美当即行文南通要求引渡姚荣泽。姚荣泽当然不会坐以待毙，挥金四处奔走，打通关节。南通的"土皇帝"张謇，是和老姚有关系的，包庇着不许引渡。张謇所为激起了公愤，淮安学团顾振黄一行五十余人到达上海请愿，一时军界、政界、学界、被害者家属的公函、公禀、呈文雪片般投向沪军都督府。

曾任山西巡抚的山阳人丁宝铨此时寄寓上海，山阳一批地方劣绅到了上海以后，就钻丁的门路，丁即指派豪绅许兆祥用威吓、哄骗的手段，对付周、阮家属，说什么"自古冤家宜解不宜结"等等。年迈的周鸿焘和糊涂的阮保麒、阮玉麒兄弟竟表示同意撤诉。陈其美对此感到震惊，他认为："姚荣泽为实丹之仇，即民国之仇……此非子一人之恨，实南社之恨、亦同盟会之恨、实则中华民国之所同恨也。"因此，陈其美特作《沪都督不准和解批示》："凡既经公诉刑事案，不得听由当事者自请销案，致侵害国家法权。"于是，事情就闹到了南京临时总统府。临时大总统孙中山鉴于山阳、南通均属江苏省管辖范围，于是批令江苏都督讯办。当陈其美派人去南通提解姚犯时，张謇正好有词可借，拒绝将姚解沪。

陈其美见此非常生气，派军法司司长蔡治民（亦南社成员）把柳亚子接到都督府，请他起草了一个洋洋数千言的电报，于1912年2月5日以陈其美的名义致电南京临时政府大总统孙中山和司法总长伍廷芳等，要求为周、阮昭雪。陈其美在电文中说："其美如诬姚贼，愿甘伏法。惟至今（南）通分府并未解申，未知何故？大总统及法部保护人道，尊重人权，当知吾辈之所以革命者，无非平其不平。今民国方新，岂容此民贼汉奸戴反正之假面具，以报其私仇，杀我同志？其美不能不为人昭雪，虽粉身碎骨，在所不辞。愿大总统及总、次长有以教之。"（《民立报》1912年2月6日，第3版）

2月7日，孙中山复电陈其美，同意由陈其美来审理姚荣泽案，孙并饬令通州司令张謇火速将姚荣泽及与此案有关的紧要证据卷宗，解交沪军都督陈其美，以便秉公讯办，以彰国法而平公愤。张謇见了电报，知道陈英士是说得到做得到的，才很不情愿地把老姚交了出来。这样，姚荣泽被押解苏州。2 月 23 日，陈其美派人把姚从苏州押解到上海。事情似乎至此已经解决，然而半路上却又杀出个程咬金。

姚荣泽深知自己落入陈其美之手，绝没有好结果，于是暗中派人到南京活动，买通了临时政府的司法总长伍廷芳。伍便出面干扰对姚的审判。

2 月 18 日，司法总长伍廷芳致电孙中山，认为姚案应该由司法部主持审理，而不应由沪军都督府审理。伍廷芳指出，民国刚刚建立，对于一切诉讼应采用文明方法，况此案情节重大，尤须审慎周详以示尊重法律之意。伍廷芳指出，姚案审理应由司法部特派精通中外法律之员承审，另选三名通达事理、公正和平、名望素著者为陪审员，并准许原告与被告两方聘请辩护士到堂辩护，审讯时任人旁听。如此，则大公无私，"庶无失出失入之弊"。对于伍廷芳的请求，孙中山认为"极善"，批示同意。

但陈其美并不打算放弃审理姚荣泽案。他写信给伍廷芳，承诺将按照文明办法审理此案。3 月 2 日，伍复函陈其美，重申姚案应由司法部主持，审判官亦应由司法部指派。伍廷芳还指出，须组织一合议裁判所，以陈贻范为裁判所所长，丁榕以及陈其美所指派的蔡寅为副所长。

但陈其美并没有理睬伍廷芳的意见。3 月 8 日，姚案在上海市政厅开庭审理，由陈其美委派沪军都督府军法司司长蔡寅为庭长，司法部委派的丁榕等人为陪审员。对陈其美的此种人事安排，伍廷芳很不满意，他认为应以陈贻范为主审官，位置居中，蔡寅、丁榕等分坐左右。由于伍廷芳的坚持，陈其美不得不做出妥协，同意由陈贻范担任主审官，主持姚案审理。

稍后，陈其美又与伍廷芳就法庭应否准予被告聘请外国律师问题以及是否应允许外国人出庭作证两件事，多次交换信函，相互辩驳。陈其美认为，允许被告聘请外国律师出庭辩护以及允许外国人出庭作证，不但丧失国家主权，而且因为华人素有崇拜外人之习惯，将使华人律师在法庭上不敢与洋人争辩驳，影响案件的审理，而伍廷芳则认为，让外国人充当辩护律师及出庭作证，不仅不会丧失主权，而且可使中国律师磨炼辩才，"于吾国法学前途，未始无毫末之禅补"。

3月22日，伍廷芳在回复陈其美的第五封信中，就陈其美插手姚案审理一事提出指责："执三权鼎立之说，凡关于裁判之事，本不敢烦执事过虑。日前承认执事派人审讯，派人陪审，原系通融办法，倘必事事干涉，司法一部几不同于虚设耶？"在信末，伍廷芳还声明，"以后不再辩"。陈其美与伍廷芳两人就姚案的争论至此结束。

3月底，姚案由陈贻范、丁榕、蔡寅等审讯结案，姚荣泽被判处死刑。姚不服，提出上诉。业已卸任的伍廷芳对姚案仍给以"关注"，嘱他的"门生""助手"、通商交涉使温宗尧代部分陪审员转呈临时大总统袁世凯，以所谓姚"罪有应得，情尚可原"，请求免去姚荣泽的死刑。"袁皇帝看在老姚杀戮革命党的功劳上，当然一笔照准"。

1912年4月13日，临时大总统袁世凯下令特赦姚荣泽。特赦令称："前江苏山阳县民政长姚荣泽因杀死周实、阮式被控一案，经该管法庭按律判定死刑。兹据前司法总长伍廷芳及陪审员胡贻谷等四员，先后电陈：本案发生在秩序扰乱之际，与平靖之时不同。该犯虽罪有应得，实情尚有可原等语。本大总统依临时约法第四十条，特赦姚荣泽免其执行死刑。余照该法庭所拟办理。此令。"

于是，姚荣泽被"定为终身禁锢之罪"，后来又改为监禁十年。实际上，姚荣泽被关押了三个月即被放了出来。陈其美、柳亚子等人费了九牛二虎之力争来的结果，转眼之间付之东流，杀人元凶依然逍遥法外。柳亚子在以后的岁月里，曾念念不忘这段往事，在他的著作中曾多次提及周、阮一案"仅得昭雪"而"仇未复",是"江苏革命史上一大污点"。

姚案的争执刚刚落幕,又发生了陈其美诱捕中国银行上海分行经理宋汉章的事件。为此,伍廷芳再次与陈其美就司法权案问题打起笔墨官司。

中国银行的前身是大清银行,总行设在北京,全国有分行四十多处,枢纽则在上海。1912年,民国成立后大清银行改为中国银行,辛亥革命时期,大清银行发生挤兑风潮,各地分行均停止兑付。上海分行的商股股东成立了"大清银行股东会",推吴鼎昌为股东会主席,并且宣布停止整顿,实际上是冻结资金。陈其美打听到中国银行上海分行有资本金一千万两之多,名义上属官商各半,但以官款居多。陈其美因为沪军政府财政困难,便想打中国银行的主意。1912年3月间,陈其美约见中国银行上海分行经理宋汉章,提出接收中国银行上海分行,将该行官款"收归民国政府公用"。但宋汉章却以大清银行目前由股东会负责,个人不能做主为由,婉言谢绝了陈其美的要求。随后,陈其美又向宋汉章提出借款50万两的要求,宋又以不合手续为由予以拒绝。对此,陈其美相当恼火。但中国银行设在租界内,契据又存放在洋行,陈其美也无可奈何。

陈其美见明的不成,便决定来暗的。他侦悉到宋汉章某一天将到小万柳堂去吃饭,小万柳堂地处租界越界筑路范围,但后门靠近苏州河,为沪军都督府管辖范围,陈其美便决定在这天动手,他派人乘坐小火轮由黄埔进入苏州河,潜入小万柳堂,将宋汉章拖上小火轮,然后关进了曹家渡沪军都督府。

3月26日,陈其美发表通电,在陈述捉拿宋汉章的原因及经过后,提出:"宋汉章等身为国家银行经理,理应顾全大局,竭力整顿,乃计不出此,竟敢捏造吞匿,以图中饱,按法律,实难宽容,迭经敝处函传质讯,奈该经理恃租界为护符,抗不到案,不得已侦其出界,派员捕获。此事关系财政,本可径送财政部核办,因控案牵涉财政部,故该部例应回避,则敝处照会沪上南北商会，会同敝处委员禀公核办。总期一切公款涓滴归公，不使一二奸商，任性干没也。"（秦孝仪主编：《陈英士先生文集》，第123—124页）

陈其美以沪军都督的身份绑架中国银行上海分行的经理，立即引起各方面的高度关注。

27日，中国银行股东会主席吴鼎昌致函南京临时政府司法总长伍廷芳，指责陈其美派兵逮捕宋汉章"实为藐视司法，侵越权限"，并请求伍廷芳保障人民自由，维持司法之独立。伍廷芳当即咨文陈其美，称"关于保障人民之自由，已于临时约法规定，似不应有损害民权，违背约法之事，致启人民之危惧。相应咨请贵都督查照，务恳迅赐详覆，以凭转覆"。

陈其美在答复咨文中，解释说："上海光复时，宋汉章本由沪军都督委任，本都督自有清查之权，该经理抗传不到，不得已派员在租界外捕获。"

对此解释，伍廷芳很不满意。29日，伍廷芳再次咨文陈其美，称陈对中国银行既无清查之权，更无捕获之权，因此，逮捕宋汉章严重侵犯了司法权。伍廷芳还以很严厉的口气指责说："清之末造，立宪虽假，而司法成立所在地，行政有司不敢妄为侵越，横恣如贵都督所为。今日人民捐糜顶踵。推倒满清，以争自由。贵都督乃为满清行政官吏所不敢为之事，本部窃所未喻。来咨不欲持消极观应，徇个人之自由；本部亦望贵都督勿施积极之手段，破坏民国之基础也。宋汉章一案，贵都督既已违法受理，妄加诱捕，又不于二十四点钟内送交法庭正式审判，是否侵越，难逃众论。本部不惜放弃权责，所虑效尤一起，将来贵都督解组之后，或有反以其道而行之者，恐亦难以自保。而民国约法之信，必因之立堕，关系不仅此案。本部敢进最后之忠告，愿请贵都督迅将宋汉章交保出外候讯，饬令原告速赴法庭依法起诉。"

按照临时约法规定的三权分立的原则，陈其美以现任都督的身份行使司法权，确实越出范围，有些理亏。但陈其美不是轻易服输的那种人。他于4月3日咨文伍廷芳，不仅不承认侵犯了司法权，反而以坚定的口气说："本都督为慎重民国公款起见，问心毫无愧怍，无论如何一日不解组，对于此案即不能稍宽其责，断不因无意识之人言，变移初志，若徒博流俗之虚誉，不顾民国之大计，同流合污，求容当世，乃旧政府最无人格之行为，岂当共和时代尚敢出此？本都督嫉恶如仇，方冀痛除旧染，力图改革，宁为众矢之的，不愿以道徇人，知我罪我，所不敢计。若宋汉章于审查之后，果无营私实据，所有被逮以后照法律上可得指为损害之处，尽可要求赔偿，承示以勿施积极手段为言，挚挚之诰诫，本都督良深感佩，但吾辈革命事业，本积极为进行之手段，且冒不韪，非一日矣。"

对于陈其美的此种答复，伍廷芳认为陈其美"刚愎自用""一味强词夺理，不恤人言"。此时，伍廷芳因已辞去司法总长职务，便于4月5日以朋友的身份复函陈其美，对陈进行更为严厉的指责。

4月19日，陈其美在答复伍廷芳的信中除继续为自己辩护外，并以前湖北官钱局经理董达夫挟资逃到上海，而黎元洪即以湖北都督名义派员到上海捉拿董达夫案佐证。此案与宋汉章事同一律，且相隔时期亦无多日，陈其美反问伍廷芳为何对黎元洪捉拿董达夫视而不见，而偏偏对宋汉章案喋喋不休？陈其美还表白说："美不才，慕墨翟摩顶之义，斥杨朱为我之非，恩怨付之太空，毁誉待诸百世，即使如来书所云，有权力胜于美者，偏听不明，以美之所以待宋汉章者待美，夫美苟自反而缩则坦白为怀，何妨受之如饴，先生其毋为美虑也。美何人者，知有民国而已，一身之利害，既非所恤，子孙穷达，更非所顾，惟以会理所在，不敢不争，大局所关，不得不辩……"

4月25日，伍廷芳再次致函，详细指出陈其美逮捕的三大错误，并指陈其美的答辩"持论类皆溢出范围之外，且多强词夺理，殊乖平心论事本质"。

对于伍廷芳的指责，陈其美于 5 月 2 日发表公开通电，除重申逮捕宋汉章的理由外，并宣布将特设清查机关，严加清查，以期水落石出。至此，伍廷芳已无心再辩，争论终于告一段落。陈其美抓到宋汉章后，非但没有弄到钱，反而弄得一身不是，自知理亏，在各方面的压力下，不得不放人。

当陈其美派其总务处长余芷江乘车去接宋汉章时，宋还误以为陈其美要枪毙他，当即吓得发昏。当余芷江说明来意后，宋才定下神来。宋汉章获释后，自己掏钱出了一本《伍公平法记》，记录伍廷芳与陈其美两人之间的这场司法案。

陈其美与伍廷芳是两种截然不同的政治人物。陈其美是一个敢作敢为的革命家，他自己认准了的事情，做起来就不大讲究程序。而伍廷芳则是在英国接受高等教育，并长期与英国人打交道的一位资产阶级的标准绅士，一向"崇洋得厉害"，做事喜欢讲究程序。这样的两种人，在政治观念、风格上有着巨大的鸿沟。据说，伍廷芳起先和陈其美处得很好，后来认为陈不懂外交而与陈疏远了。

但当陈其美遇难后的第六年，伍廷芳在追悼陈其美及癸丑以来诸先烈大会上作演讲时，回顾了他与陈其美的这桩司法官司，他说："（陈其美）为沪督，尤有可钦。余尝以公事与争，笔战良久，感情无伤，此吾国人中所罕见者也。公私之界显然，政治家当有此公正之态度。今共和再造，而陈君已逝，其衷感为何如耶？"（秦孝仪主编：《陈英士先生文集》，第101 页）

四、辞职风波的背后

陈其美出任沪军都督后，政治反对派们逼陈下台的活动始终没有停止过。陈其美的政治反对派，主要是上海绅商、江苏立宪派以及北洋派。

如前所述，在推举沪军都督时，上海的绅商们就希望推举他们的政治代表李显谟。由于陈其美采取了非常手段，使上海绅商们的企图落空。此后，上海绅商对陈其美只采取了有限度的合作。陈其美虽然坐上了都督宝座，但掌握上海地方武装力量的军务部，由李显谟任部长，事先协定不受都督节制，有独立的行动权，而起义民军和收编清军组成的沪防军，仍由李显谟兼任统领。民政总长由李平书担任，其余都督府重要人员，十之八九也由商团起义有功人员担任，以此左右陈其美，孤立陈其美。上海光复的胜利果实，表面上归于同盟会的陈其美，事实上都落在地方实力派，即新兴民族资产阶级手里。显赫一时的李平书、李显谟，就是这个集团在政治上的代表。

陈其美本来想通过李平书使李显谟为其所用，但由于争夺都督，彼此产生了严重的隔阂和矛盾。李平书除担任沪军都督民政总长外，还兼任了江苏省民政司司长，他的办公室不设在沪军都督府，却设在李显谟的沪防军司令部，由此不难看出其中的微妙关系。后来在增税问题上，陈其美又与李平书闹得很僵。当时沪军都督府开支浩繁，陈其美希望以增税来增加收入，但李平书总不同意，沈缦云从中调停，矛盾仍是难解难分。陈其美虽极忿懑，但李平书因有李显谟保护，却也奈何他不得。所以，陈其美后来抱怨说："事事为人阻挠。"

其次，从上海市民来说，武昌起义后，各省宣布独立的过程，也就是地方主义思潮急剧膨胀的过程。某省人做某省的官，在当时几乎是一条不成文的规矩。陈其美是浙江湖州人，不是上海人，在一般上海市民看来"湖州人怎么能够来管上海"？当时在陈其美手下的沪军军官傅墨正也特别指出，陈其美之辞沪军都督，"另外还有一个原因：地域观念。他是湖州人，不是上海人"。（《辛亥革命回忆录》四，第18页）

对于陈其美来说，最具有杀伤力的还是来自江苏的立宪派。

武昌起义后，被革命潮流裹入反清队伍中来的立宪派相当活跃。江苏（包括上海）是立宪派势力最为强大的地区。上海、江苏光复后，以张謇为首的江苏立宪派相当活跃，与革命党人公开争夺地盘及势力范围。同盟会的中坚、沪军都督陈其美更是立宪派打击、排挤的主要对象之一。

由于以上种种原因，陈其美始终未能坐稳沪军都督的宝座。

政治反对派对陈其美的攻击，是从其私生活方面开始的。上海光复前，陈其美在上海从事秘密反清革命活动时，曾经出入于青楼场所，作为掩护，政治反对派们即抓住这一点，攻击陈其美为"风流都督""杨梅都督"。有一位叫徐震的人还写信给陈其美，规劝他不要"冶游""狎邪"。陈其美不得不亲自复函答复，因来函无地址，陈其美便复函刊在《民立报》上，以示对政治反对派们的公开答复。函云：

> 辱书规诫，感谢莫名。业已通饬军人严加检束，并悬赏格，遇有身衣军服在妓寮冶荡者，扭解来府，立予重赏。至谓鄙人刻下在外冶游，实属奇异。鄙人无分身之术，军兴以来，大小之事，日数十起，侵晨见客，深夜始归。蒲柳之躯，积劳成病，方且不敢偷安疗养，力疾从公。沪上同胞当所共见。鄙人非为一己名誉，哓哓自辩，只以身先不正，何以约束军人？虽鄙人昔日为秘密结社之故，偶借花间为私议之场，边幅不修，无须自讳，但今则军书傍午，日昃不遑，风月情怀，销磨殆尽。乃赐书意有狎邪之劝，恐外间或有假冒之徒，曾参杀人大局疑阻，此后请先生代为稽察，以补鄙人耳目之所不周，曷胜感祷之至。（《辛亥革命在上海史料选辑》，第960页）

稍后，还有一个叫龙浩池的人也致书陈其美，称："日来街谈巷议，咸谓阁下无日不在清和坊等处，非酒即和，甚至谓中秋以来，已连取（娶）小星四人；进出必坐极华美极昂贵之汽车；府中上下人等，凡是稍优之缺，悉以湖州人充之，一若都督府变成湖州同乡会也。当此筹饷孔急之时，我民国诚与否，全在此须臾之机，真所谓一刻千金，不容稍缓者也。阁下身居都督，应如何奋发自雄，以图上取，而乃与朱少屏等一流人成群结党，花天酒地，置军务于高阁，无怪有种因公务奉访者，十数日不得一遇面也。姑勿论所花费之银钱乃是公庆捐助之银，即是阁下自己之银钱，亦不应出此。吾辈商人节食节衣，勉助饷银已不在少数，何阁下意不稍节花酒费以助饷银乎？果尔，则以后助饷一事，以此互相灰心矣。阁下一人固不足惜，其如大局何？……以上所陈，请逐条详复于各大日报，以解群疑，不胜厚望之至。"（《辛亥革命在上海史料选辑》，第961页）

陈其美接到这些让人哭笑不得的质问信，不得不请黄郛、许葆英代为答复。因为如置之不理，又会被人视为默认。

与陈其美并肩战斗的革命党人于右任，为陈其美的处境深感不平，特在报纸上发表答某群书，指出："匪特孙、黄日在可怜之境，即党中稍负时名者，亦无日不在可怜之境。惟不负责任，日日骂人为王八龟子之数人，得以逍遥自在耳。如英士者，经营长江下游岂之无功，而反对者凭空撰多少罪恶以摇撼之。此岂英士本身之恶，有为英士种恶者，恶皆附于英士。英士在沪无聊时，匿名谱笙家中，客亦不多见，而攻之者谓其日在清和坊、平安里。公试思之，可怜不可怜！"（朱宗震、杨光辉编：《民初政争与二次革命》上编，第157—158页）

当然，江苏的立宪派人士都是有很高声望和社会地位的名流，他们排挤陈其美的策略，显然要更高一筹。在清代，上海属县治单位，由驻苏州的江苏巡抚管理。自上海、苏州相继光复后，江苏的立宪派以及旧官僚一直把上海地区置于江苏都督程德全的控制之下。1911年11月13日，由唐文治、刘树森、雷奋、赵凤昌、庄蕴宽、黄炎培、姚文枏、李联珪、龚杰、陆文麓、杨思湛、沈恩孚、杨廷栋等13人联名上书沪军都督府，要求把上海地区的行政权交给程德全，其理由是：上海是江苏省之一部分，若行政亦经分立，殊与全省统一有碍，拟请从长计议。很明显，失去了对地方行政权的管辖，沪军都督府本身也不可能存在，这是立宪派要求取消沪军都督府、对陈其美釜底抽薪的阴谋。

对此，陈其美进行了坚决的回击。11月16日，他复函唐文治等人，指明沪军都督府设置的背景之后，肯定了沪军都督设立的必要性："苏省枚平后，民政各事，自以由程都督统辖为宜。惟应今日之情势，驻沪各军，不能不有所统摄，故敝处专注重于进取事宜。"

当时清廷尚未退位，立宪派分子还须借助革命党人的武力，所以，逼陈下野之事暂时被搁置起来。

1912年2月间，南北议和告成，宣统帝宣布退位，孙中山亦准备辞去临时大总统职务，让位于袁世凯。此时，立宪派已与以袁世凯为首的北洋派势力结成政治联盟，立宪派趁机再对陈其美施加压力，要他辞去沪军都督之职。

陈其美在立宪派的压力下，不得不以退为进，于2月11日致电孙中山，呈请大总统取消沪军都督名位，"其美免恋栈之讥，苏沪无骈枝之诮，伯得以革命军之一员，奔走共和事业，公私幸甚"。

陈其美是孙中山倚重的革命党中坚，自然不会轻易让陈其美辞职。2月17日，孙中山复电挽留，电文称：

"上海为江南要区，非有大将镇守，不能维持一切。据各地纷纷来电，咸以公为民国长城，关系全局，力请挽留。人心如此，公不可告退，尚望勉为其难，勿怀退志。"（《孙中山全集》第2卷，第103页）

同一天，黄兴也致电陈其美，力劝其"以大局为重，辅助中央，筹画善后一切，不胜感祷之至"。

2月17日，陈其美所部沪军将领第一师师长吴绍璘、第二师师长黄郛、光复军总司令李征五及团长蒋志清等联名致电孙中山，要求改派陈其美为江苏都督。但是，按照规定，各省都督须由各省议会选举，大总统无权直接任命，而江苏省议会又为江苏立宪派控制和把持。江苏立宪派极力拥戴的是前清旧官僚程德全，自然不可能推举陈其美。对此，孙中山也是爱莫能助、无能为力。

鉴于孙中山亦无实力以援助陈其美，立宪派又开始猖獗起来。2月24日，又有人以中华民国共和讨论会的名义致电孙中山、黎元洪等，要求允许陈其美辞去沪军都督职，使江苏实现统一。

对于立宪派公然逼退首义革命党人的言论，老革命党人谭人凤非常愤怒。2月28日，谭人凤致函孙中山、黄兴，对立宪派进行了反击。谭人凤说："若乃倡义则居人后，毁存则在人先，苟非阴为曹马之地，必其人不复知世间有羞耻事也。共和国竟从何来，岂有此曹置喙之地？"谭人凤指出："南北起义，各都督依吾党夙定之革命方略，当然设置，即为军政府时期之法律规定，自非大局枚平，断无解兵之理。"谭人凤还警告立宪派分子说："政府委任，皆不容他人妄议，有敢动摇之者，义军共击之。"（秦孝仪主编：《陈英士先生文集》附录，第117页）

同一天，谭人凤还致函陈其美，以"不智不仁，不勇不信"八个字，激劝陈其美不要消极辞职。谭人凤在信中还表示：如陈其美此后"犹以孤洁鸣高，图个人之便利，则党中最后之手段，将于公施之"。

陈其美在上海滩孤军奋战，为同盟会争地盘，非常辛苦。对于谭人凤的这封信，陈其美不能接受。他在复信中以火气十足的口气写道："公等非岸畔闲人，何以不知舟中人支持之苦？欲其苦不去易耳，何必藉吾党起事时之旨，以为质证？岂吾党规定其美为沪军都督，除都督之外，不能自由行事耶？公年老荒诞，牵率至此。他日如得卸责，必与公一拼死命，以泄吾愤。"

尽管如此，陈还是接受了孙中山、黄兴、谭人凤等人的劝说，继续打起精神，放弃辞职的念头。3月9日，陈其美复函上海共和建设会、上海共和促进会等团体，表明了继续留任的决心。信中说："夫沪督去留，应观事实。事实当去挽我不留；事实当留，推之不去始之担任，及后之告辞，全属事实问题，或挽或推，均非我知，现在代表北上，警变又闻，趾企北方，尚多隔膜，且国都既未解决。项城尚未南来，全局统筹，势未大定，不得不过其美之躯壳，再延沪都督之灵魂，非敢将顺舆情，藉此见好。"（何仲箫编：《陈英士先生纪念集》一，第197页）

陈其美的这个表示，立即得到革命党人的赞许。《民立报》特以《陈都督力顾大局》的醒目标题刊登了这封信。根据南北和议达成的协议，孙中山将临时大总统职务让于北洋军阀的总头目袁世凯。3月10日，袁世凯在北京宣誓就任临时大总统。孙中山的辞职表明，以孙中山为代表的资产阶级革命党人还没有充分认识到政权的重要性，他们在各方面还显得幼稚和不成熟。

对于革命党人同袁世凯进行的这场议和，进取心很强的陈其美内心本来不满意。陈其美曾经提议过，南方组织联军，分三路北伐，直捣北京。但在当时全国一片妥协声中，陈其美的提议自然难以得到贯彻，美孤掌难鸣，也不可能左右时局的发展。

当时任南京临时政府外交总长的王宠惠后来回忆说："其后南北议和，先生（指陈其美）颇不为然，以为北方非属真意，迨事过境迁，又当故态复萌，惟以当时总理（指孙中山）为赞成和议之人，先生但为消极之反对而已。"

袁世凯夺取辛亥革命果实后，于3月30日任命陈其美为唐绍仪内阁的工商总长。这是袁世凯顺应江苏立宪派之意而采取的调虎离山之计。对此结果，江苏立宪派甚为满意。江苏立宪派首领张謇在当日的日记中写道："此君有所归，江苏之大幸也。"上海的各种团体，如工商勇进党、实业联合会等也纷纷召开所谓欢送会，欢送陈其美北上就任工商总长。

但陈其美并不是一个俯首听命的人，他以结束上海军事为由，拒不到任。4 月 11 日，陈其美发表晓谕沪军将士文，公开表示：是否就任工商总长，"尚待参酌"。陈其美不就职，袁世凯一时也无可奈何，便于 4 月 15 日任命工商次长王正廷代行总长职务。

1912 年 5 月 10 日，陈其美在上海祭奠黄花岗七十二烈士，陈其美在祭文中除了充分肯定黄花岗烈士的丰功伟绩外，也对南北统一后的中华民国前途表示了忧虑。陈其美的忧虑很快就成了现实。

袁世凯上台后，很快就暴露了他专制独裁的反动本质。他的第一个步骤便是排挤和搞垮唐绍仪的内阁。

唐绍仪（1860—1938），字少川，广东香山县（今中山市）人，与孙中山同乡。1874 年留学美国，是我国第一批留美学生之一。回国后，担任袁世凯的外交翻译。后由袁世凯保荐，先后任过天津海关道、外务部大臣、邮传部郎、奉天巡抚、邮传部尚书等要职。武昌起义后，被袁世凯派为全权代表，参加南北议和。其间，他一面表示赞成共和，一面又与立宪派张謇、赵凤昌等人一起对革命党人施加压力，将总统职位让给袁世凯。南北议和期间，南方革命党提出国务总理必须由同盟会员担任，内阁成员由总理提名，经参议院表决通过。但袁世凯坚持由唐绍仪担任总理，双方一度为此争执不下。最后，还是经立宪派官僚赵凤昌等人调停，达成一个被称为双方兼顾的协议，即由唐绍仪出任内阁总理，同时加入同盟会。唐绍仪出任内阁总理后，主张采取与同盟会合作的现实态度，力主实行责任内阁制，明确划分总统与国各总理之间的权限。但袁世凯一心想追求封建独裁统治，对唐绍仪的主张大为不满，为破坏责任内阁制，袁世凯首先唆使亲信死党内务总长赵秉钧和陆军总长段祺瑞等人公开与唐绍仪作对，拆唐绍仪的台。面对袁世凯及其死党的蓄意破坏，同盟会阁员深感责任内阁的理想无法实现，决定集体辞职，不做此"伴食之阁员"。唐绍仪也极表赞成。他说："公等辞职后，我亦得借此以辞。"6月15日，唐绍仪在忍无可忍的情况下，辞职出走天津。

唐绍仪内阁的垮台，是袁世凯蓄意破坏《中华民国临时约法》、追求专制独裁统治的第一步。对此，同盟会方面对袁世凯表示了强烈的不满。

6月20日，陈其美致电袁世凯，责问其逼退总理的险恶用心。6月22日，袁世凯复电陈其美，极力否认自己有逼退唐绍仪总理之举，并反责陈其美"误听浮言"。同时，袁还唆使死党对陈其美展开反攻。6月26日，北京《大自由报》发表北京报界联合会与《新纪元报》《中国公报》《民视报》的两封通电，在通电中，肆其颠倒黑白之伎俩，指责陈其美。电文说："唐绍仪弃职潜逃，法在不宥，推其心迹，实以监守自盗，恐被重诛，初无人逼迫之也。乃陈其美通电，挟持党见，肆其若言，既以逼迫为辞，又欲总统、总理同时进退。按总理变置，乃是政界常规；总统猝更，必由国中异变。陈其美并为一谈，是何肺腑！详查陈其美行多不法，残贼公行。前唐绍仪到沪，曲意逢迎，后被用为工商总长，犹复拥兵自卫，敢肆跳梁，腾布奸言，希图扰乱。此而不诛，法纪安在？应请副总统通电各都督府，张皇六师，扫其巢穴，禽渠传首，以快人心，以奠国本。"（朱宗震、杨光辉编：《民初政争与二次革命》上编，第57页）

临时参议院议员在袁世凯的授意下，就陈其美拒就工商总长和拒绝取消沪军都督府两次提出书面询问。与此同时，旅京江苏人士致电江苏省议会，指责陈其美"盘据沪上，拥兵自雄，军政府应撤不撤，梗国家之统一，增苏民之重累。……横施构乱，煽惑人心，动摇国本，国贼民仇，不诛何待"。

对于政治反对派的进攻，陈其美也进行了反击。7月4日，戴季陶发表

《伤革命》一文，对袁世凯及其拥护者一一予以驳斥。戴季陶指出："至谓动摇国本，吾国之国本，共和也。陈其美为建设共和之人，吾即知陈为确定国本之人。中华民国由革命而来者也，是中华民国本于革命，陈其美为实行革命之人，吾更知其为巩固国本之人，而此辈乃谓光复中华者为民仇，为国贼，是有意破坏民国，破坏共和也。孰为民仇？孰为国贼？……共和成矣，孙文也，黄兴也。胡汉民也，陈其美也，皆宜乎人之攻击之也。世间无公理，强权而已；天下无是非，成败而已，举世皆盗贼，复何言哉？"

（何仲萧编：《陈英士先生纪念全集》一，第196页）

7月15日，陈其美也发表通电，对参议院议员予以痛斥。指责那些提出质问书的参议员是"不称职分子"，要求将来成立正式国会时，应"慎重选举"议员，以免祸害民国。

在此之前的5、6月间，柳成烈、朱葆诚、蒯际唐、蒯左同等一批中下级革命党人在陈其美的策动下，图谋由陈其美提供军火，以朱葆诚任团长的先锋团为主力，联合新军第四十六标，将原属张勋所部、光复前调到苏州的江防营包围缴械，然后消灭江苏都府倚靠的主要军事力量巡防营，以武力驱逐江苏都督程德全，拥戴陈其美为江苏都督。

然而，因事机不密，程德全侦悉陈其美等人的计划后，先发制人，程德全于5月19日从南京返抵苏州坐镇，安抚军队，部署应变措施。6月1日凌晨2时，程德全派兵将图谋起来事的蒯际唐、蒯左同、吴寿康、程宏等全部捕获，仅柳成烈一人逃脱。程德全在捕获蒯际唐等人后，立即向袁世凯做了报告，称："苏（州）城近日谣言蜂起，少数军队密谋作乱，德全于昨今两日选派得力兵力，极力防范，已拿获首要，严密审讯。"当天下8时，程德全奉命将蒯氏兄弟杀害，同时派军队将先锋团三个营包围缴械遣散。

陈其美在获悉倒程计划失败以后，曾致电程德全询问柳成烈的下落，程德全轻描淡写地说："敝处本不知柳成烈踪迹，蒯案亦未闻及。特闻。"

一场惊心动魄的斗争就这样双方心照不宣地掩盖了过去。先锋营事件的失败，表明程德全在江苏的地位已经十分稳固，陈其美一时无法撼动他。在孤掌难鸣、计无所出的情况下，陈其美不得不考虑交卸都督职务。

7月12日，袁世凯任命了一批都督，其中有：湖北都督黎元洪、湖南都督谭延闿、浙江都督蒋尊簋、福建都督孙道仁、江西都督李烈钧、四川都督尹昌衡、陕西都督张凤翙、广西都督陆荣廷、云南都督蔡锷，但没有沪军都督陈其美。

7月13日，江苏都督程德全奉袁世凯之命，由南京抵达上海，接收沪军都督府及其军队。下午4时，在沪军都督府举行了接收仪式。沪军都督府撤销，改为江苏都督行辕。

当天，陈其美发表通电，回顾了上海光复、出任沪军都督及"迟迟交卸"的前因后果后表示："对于公家并无未了事宜，今后得以藏拙养疴，还我自由，至为忻幸。俟病体稍愈，即拟游历各国，稍增学识。来日方长，再图报国。"

"二次革命"前后

一、北京之行窥探虚实

陈其美辞去沪军都督后，计划赴东西各国考察实业。在出国之前，陈其美于 8 月 10 日回到家乡湖州，本拟在家乡安静地休养一个时期。多年来的秘密革命生涯，尤其是上海光复以来异常繁杂、激烈的政治斗争，使陈其美身心均已疲惫不堪。

然而，英雄回到家乡，家乡人民不能不有所表示。于是，陈其美一回到湖州，湖州的各种团体纷纷开会欢迎，使陈其美又陷入了无休止的应酬之中，陈在写给张馥桢的信中说："兄沪事交卸后，仍苦于应酬，避居故里。原拟静养顽体，不意抵湖后，仍有多数团体开会欢迎，纷扰不堪。异地皆然，无可容身，奈之何可？"

陈其美在湖州逗留期间，十分关注家乡的建设事业，并对他侄子陈果夫谈了他建设湖州的设想："将来革命成功，如有余时，我当提议兴湖州之地。以湖人财力兴湖足有余也。治水道为湖州第一要事，水道通，不致有水患。移城市于东南门之外，另筑商场，因水利可多办工厂，筑铁路以通上海，设模范之各种应兴事业，如藏书楼，博物馆、动物园、商品陈列所、农事及蚕桑试验场，各种工厂、银行、商场、学校、改良监狱等等，凡沪上之所无者，于吾湖备之，他处之所无者，于吾湖倡之。至于湖州出产少，人口稀，或足致尔之疑，以为不易振兴，惟此皆人事也。今我尚不能大信于人。将来革命成功，国民知我之为人，自能见信。则一言可以兴湖矣。湖州出品少，可使之多，人力所致也。人口稀，可引之多，亦人力所能致也。申地非固有多数之出品，又非固有多数之人民，乃一经外人之经营，人民则侨居之，工商则汇集之，苟无外人竭力经营，则今之十里洋场，恐犹是田园荒芜也。抑吾之所谓振兴湖州者，非欲与交通利便之上海竞繁华也。

我但求工业发达，教育振兴耳！"（何仲箫编：《陈英士先生纪念全集》一，第7—8页）

几天后，陈其美放弃在湖州休养的计划，回到了上海。

8月15日，陈其美与黄兴、柏文蔚等50人联名发起熊成基追悼会。

熊成基（1887—1910），字味根，江苏扬州人，光复会会员。青年时代即仰慕民族英雄岳飞、史可法。1904年考入安徽武备学堂，结识了倪映典、范传甲、柏文蔚等，参加岳王会。次年，入江南炮兵速成学堂，毕业后任第九镇炮兵排长。1907年高调回安庆，先在马营，后调炮营任队官。同年，倪映典策划于夏历除夕起义，被端方发觉，潜逃南下，熊成基遂被推为岳王会主持人。1907年11月19日，熊成基与范传甲、薛哲等在安庆发动起义，熊成基被推为总司令。起义失败后，熊成基于1909年初潜赴日本，加入同盟会。同年9月，化名张建勋到东北从事革命活动。1910年1月30日因叛徒出卖，熊成基被捕送至长春。熊在供词中写道："我今日早死一日，我们自由之树早得一日鲜血；早得血一日，则早茂盛一日，花方早放一日。"2月27日，熊成基在长春慷慨就义。1912年8月，熊成基遗骨运抵扬州，陈其美与黄兴等发起在扬州召开追悼会，以表彰烈士的光辉事迹。

8月30日，陈其美又与黄兴、蔡元培、钮永建、吴敬恒等发起在上海召开熊成基、白雅雨、王汉、刘敬庵四烈士追悼会。

在此之前，孙中山已应袁世凯之邀，于8月18日离开上海，启程赴北京与袁世凯举行会谈。本来，袁是邀请孙中山与黄兴同行的。但当孙、黄准备启程之时，北京却传来了袁世凯与黎元洪勾结，非法枪杀武昌首义功臣张振武和方维的严重事件，蔡元培、吴敬恒等为孙、黄的安全着想，极力劝阻孙、黄成行。他们都认为袁氏无行，不足见信。有一同盟会女会员甚至向孙中山坚决表示："公国民代表，共和坚城，必欲投入虎穴，某誓死反对。"但孙中山认为，既已同意北上，就无论如何不应"失信于袁总统"，且正可借此检验一下袁世凯到底可靠不可靠，因而坚持北上。但同时决定黄兴暂时留下，视孙中山进京后的情况再定行止。

8月24日，孙中山一行抵北京，老奸巨猾的袁世凯此时正想利用孙中山的影响，来巩固他的统治地位，因此袁世凯为孙中山的到来，准备了最隆重的接待仪式，袁本人也对孙中山备极"谦恭"之能事。袁声称，他受四万万国民付托，识薄能鲜，"用敢代表四万万同胞求赐宏论，以匡不逮"，袁世凯的这套虚假的表演，使孙中山大受感动。孙中山对人说："袁总统可与为善，绝无不忠民国之意，国民对袁总统万不可存猜疑心，妄肆攻讦，使彼此诚意不孚，一事不可办，转至激迫袁总统为恶。"

9月初，孙中山致电黄兴，称袁世凯"绝无可疑之余地"，敦促黄兴早日进京，以消除北方之意见，实现南北统一。9月5日，黄兴由陈其美、李书城、张孝准、何成浚等十余人陪同，从上海乘坐新铭轮北上。9月7日，抵达山东烟台。次日，烟台各社团在山东饭店召开欢迎会，黄兴、陈其美在会上先后发表演说。

9月9日晚，黄兴一行抵达天津，北京政府特派的代表程韵生、陈家鼎、宋教仁等已先期抵达天津迎候。10日，天津国民党支部和垦殖协会在广东会馆召开欢迎会，张继在致欢迎词中指出："欢迎英雄，崇拜英雄，因对于时代有伟大之事业，必有伟大之国民，伟大之国民不能不崇拜伟大之人物。前日欢迎孙先生，今日欢迎黄先生和陈先生，即是欢迎其理想，崇拜其理想也。"

11日上午，陈其美偕同黄兴与直隶新旧都督冯国璋、张锡銮会晤后，即乘专车前往北京，下午2点抵达。袁世凯举行了盛大的欢迎仪式。据《民立报》报道：

代表专车到站时，署总理赵秉钧、陆军段总长、海军刘总长及各国务员均上车与黄兴及陈其美握手周旋。斯时莅站欢迎者，计有外宾、议员、政界、学界、各党会、工商界、女界，约数千人，均在站行列，脱帽鼓掌，表示欢迎。黄兴与陈其美亦脱帽答礼，态度谦和。旋于军乐声中，乘坐前返国父时之朱轮黄车宪双马车入正阳门，赴东单牌楼东厂胡同荣禄花园休息。沿途军警举枪致敬。男女老幼，观者如堵。

下午5时许，陈其美陪同黄兴前往总统府会见袁世凯。见面时，双方行鞠躬握手礼，畅谈一时许。这是陈其美、黄兴与其政治对手袁世凯的首次会见。

他们三人谈话的内容已无从知晓。据当时报纸报道，会见结束后，袁世凯曾对黄兴和陈其美各下了一评语，称"黄克强人甚笃实，陈英士人甚明敏，均为今日难得之才"。而黄兴则对人称"大总统实为今日第一人物，深致倾服"。黄兴和陈其美还向报界表示，他们不准备投身政界。路透社记者采访黄兴和陈其美后报道说："彼等现均拟从事实业。"陈其美也一再表示要"游历欧美，考察工商"，并与各国驻华公使作了联络。

12日晚7时，前清摄政王载沣奉隆裕皇太后之命，在金鱼胡同那桐宅开会欢迎孙中山、黄兴、陈其美，载沣因病未能到会，由贝子溥伦代表主持，到皇族成员约百人。逊清皇族与革命领袖见面，握手言欢，这本身就是一件有特殊意义的事情。溥伦在致词中说："兄弟意见，革命本国家进化应有之举，故汤武革命称为圣人，且此革命原属国体问题，现在建设共和，不特皇室仍受优待之荣，并使满洲人民同享共和幸福，迥非前古帝政时代可比，此敝皇族所报为感谢者。"溥伦的这番话，代表逊清皇室承认辛亥革命为国家进化的正义之举，颇具象征意义。

9月15日下午，国民党本部在北京湖广会馆集会，欢迎陈其美与孙中山、黄兴、贡桑诺尔布等。国民党是同盟会为适应民初议会政治斗争的需

1912 年，陈其美在北京农事试验场植树

要，联合统一共和党、国民公党、国民共进会、共和实进会合并改组而成的，
8 月 25 日在北京宣告成立。孙中山当选为理事长，孙中山、黄兴、宋教仁、
王宠惠、王人文、王芝祥、吴景濂、张凤翙、贡桑诺尔布等八人当选为理事，
张继、柏文蔚、胡汉民等 29 人当选为参议，后因孙中山正致力于铁路建设，
不能常驻北京，便委托宋教仁为代理理事长。

在当天的欢迎大会上，孙、黄、陈及贡桑诺尔布先后发表演说。陈其
美在演说中强调了政党、党德的重要性。他说："现在国家前途，最要者
联络五族之感情，巩固政党之根基。政党可以扩张，可以巩固，即国家权
力可以扩张，可以巩固，其所以集政党即所以造国家也。但是政党中最重
要之点，在于党德。人无道德，即无人格；党无道德，即不党；国无道德，
即不国；盖道德之重要，有如此。然党德从何处发表，则又观乎时势为转移。

从前同盟会之党德，全在破坏而救同胞，嗣后同盟会之党德在建设，建设一党不足以集事，乃联合他党以集联合党以合成国民党，同负建设之责任，同负巩固国家根基之责任。国家根基巩固，五族感情联络，即是本党之幸，即不定期国家前途之幸。"（莫永明、范然：《陈英士纪年》，第192页）

9月17日，陈其美与黄兴出席共和党在北京农事试验场举行的游园欢迎会，陈、黄在农事试验场参加了植树活动。会后，共和党公宴黄兴与陈其美，并邀请章太炎出席作陪。章太炎此时对黄兴、陈其美仍然余怒未消，不仅拒绝赴宴，而且在报纸上公开发表《却与黄陈同宴书》，对黄、陈大加攻击："共和党诸君子鉴：昨者见招，令与黄兴、陈其美同食。……中山行迹，不无瑕疵，然而秕政，皆黄兴迫胁为之，非出自中山腹中。解职以还，大体不误，其于张、方逆谋，绝无牵缲，此尤为难得者。外人多以皮相抑之，仆诚不能不为讼直。若黄兴者，招募无赖，逼处金陵，兵无伍两，供饷巨亿，身虽辞职，而江南脂膏，自此垂尽。其募集国民捐法，比于摸金发丘，残酷尤甚，非所谓民贼者乎？张、方之事，路透电喷有烦言，仆虽不敢指为实证，参以武昌二次革命之迹，及身在武昌所闻者，不能臆断以为尽虚也。若陈其美者，阘茸小人，抑无足道，上海光复，攘李燮和之功以己有，偷儿成群，拥为都督，自言饷糈匮竭，日有征求，而珍翠细饰，逋负数万，斯岂军中所用。陈来京时，债家恐其逸走，持不得行，黄兴为之保证，乃出发。陶成章之狱，罪人已得，供词已明，诸君子亦当闻其崖略。自陶之死，黄兴即电致陈其美，属保护章太炎，仆见斯电，知二竖之朋比为奸，已发上冲冠矣。诸君子不以匪目视二子，引与为欢，岂承张、方之遗嘱。抑为湘吴谰言所簧鼓耶。……仆若与于斯宴，惧为各国公使所笑，昨已将花枝证券却还，今更陈其旨趣如此。"（汤志钧编：《章太炎年谱长编》上册，第417—418页）

章太炎与黄兴等人昔日本为并肩战斗的战友。辛亥革命一起，革命阵营自相内讧，成为势同水火的仇敌，这种情况只对袁世凯及北洋派有利。

在此后的十多天里，陈其美与黄兴还参与了一系列的应酬活动。

9月21日，与黄兴、贡桑诺尔布等出席北京国民捐会、五族共和联合会举行的欢迎会。当天晚上，与黄兴出席袁世凯举行的宴会，参议院正副议长、秘书长，各部总长、次长及高级军官七八十人参加，袁世凯致欢迎词，黄兴致答词。

9月22日下午，与黄兴等出席北京军警联合欢迎会，由陆军总长段祺瑞任主席，并致欢迎词，陈其美与黄兴均作了演讲。

9月23日下午与黄兴等出席北京正乐育化会举行的欢迎会。会议由北京正乐育化会会长谭鑫培主持，黄兴发表演讲，陈其美、黄兴与与会者合影留念。

9月30日、31日，与黄兴先后拜会葡萄牙、荷兰、英国、美国、日本、俄国、西班牙、德国、法国、比利时、奥地利、意大利、墨西哥驻华公使。

10月3日，与黄兴出席袁世凯政府参谋本部在颐和园举行的宴会。

10月4日，与黄兴联衔邀请全体国务员、国民党籍参议员、国民党本部各部正副主任、干事及记者100余人，在六国饭店举行告别宴会。

10月6日，陈其美与黄兴离开北京南返。

孙、黄的北京之行，获得了一个虚假的政治成果，就是由袁世凯的亲信赵秉钧出任内阁总统后，包括赵在内的国务员全体加入国民党，组成"国民党"的政党内阁。因此，孙、黄与陈其美的北京之行所起的作用完全是负面的。孙、黄身为革命党领袖，在北京期间为袁世凯的假象所迷惑，对袁世凯这么一个专制独裁的枭雄大唱赞歌，说什么袁世凯"忠心谋国"、决无"野心"，所谓"帝制自为"，纯属无识徒妄之猜忌，而且同意了袁世凯提出的旨在加强其专制统治的所谓"八大政纲"，这在实际上麻痹了革命党和全国人民的革命斗志，加强了袁世凯的地位。其严重后果在不久以后即暴露了出来。

陈其美由于地位关系，在北京虽然很少公开发表政见，但有证据表明，陈其美与孙、黄并没有异议。10月3日，孙中山在上海回答记者提问时即指出："北京安谧异常，黄克强、陈英士与北人感情甚佳……"

虽然孙、黄等革命党领袖对袁世凯大唱赞歌，但袁世凯对革命党人却并没有放松警惕。特别是陈其美在上海方面的影响和力量使袁世凯更是有如芒刺在背。

陈其美在北京时，袁世凯曾当面向陈施加压力，并拿共进会"闹事"问题压陈，要陈"南返时便中调查"。陈与黄兴回到上海后，袁世凯方面仍对陈其美进行了严密的监视，他们神经过敏，对陈旧部的一举一动感到草木皆兵。捕风捉影的情报，连篇累牍。他们想方设法要让陈其美出国，脱离国内政局。

1912年10月16日，袁世凯的机要秘书张一麐密电江苏都督程德全的秘书张一爵说："奉谕，可由雪老（即程德全）电请公债为卧子（隐指陈其美）还债。中央已发3万元游历费，陈至今未行，若债票到手，仍不出发，将若之何？似应由雪老嘱卧子开债户（指沪军都督府债户）清单，担任出发后为其代偿，俾卧子出洋，不至仍前中止。"由此看来，袁世凯千方百计想让陈其美出国。

二、主持侦破宋教仁血案

孙中山、黄兴希望通过与袁世凯调整关系，消除南北冲突，从而巩固新生的共和国。然而，无情的现实很快就粉碎了孙、黄的幻想。

《中华民国临时约法》规定：约法施行后限十个月内，由临时大总统召集国会，国会组织法及议员选举法由临时参议院制定。根据这规定，临时参议院于 7 月 9 日通过了《国会组织法大纲》和《国会选举法大纲》，8 月 3 日通过了《中华民国国会组织法》和《参议院议员选举法》《众议院议员选举法》，10 日由袁世凯公布。

国会选举自 1912 年 12 月上旬开始，到次年 3 月基本结束。1913 年 2 月 18 日，陈其美在浙江选区当选为中华民国第一届国会参议院议员。第一届国会定于 4 月 8 日在北京开幕。然而，不久却发生了袁世凯主使歹徒刺杀国民党代理理事长宋教仁的重大政治谋杀案，使陈其美的议员梦成为泡影。

宋教仁是国民党主要领导人之一，多年来醉心于西方资本主义国家的政党政治和议会政治，中华民国成立后成为责任内阁制的最强有力的主张者。他认为在大总统非袁世凯莫属的情况下，内阁必须由政党组织。他天真地认为只要有了一个健全的内阁，就可以限制袁世凯的权力，宋教仁为了在即将成立的中华民国第一届正式国会中取得多数席位，以达到建立政党内阁的目的，他不顾一些革命党人的强烈反对，在"朝野合作""新旧合作"的口号下，于 1912 年 8 月下旬，以同盟会为基础，联合四个小党派改组为国民党。国民党成立后，虽然名义上推举孙中山为理事长，但孙中山随即委托宋教仁代理理事长，宋教仁成为国民党的实际领袖。在 1912 年底至 1913 年初的第一届国会选举中，国民党以较大优势击败了反对党，赢得了选举的胜利。对此结果，宋教仁和国民党干部普遍大喜过望，大有"民国政党，唯我独大，共和党虽横，其能与我争乎"的气概。

宋教仁自 1912 年 10 月 18 日离开北京南下，布置各省选举事宜，同时顺道回湖南桃源探望离别八年的老母和妻子。不久，即传来国民党初选告捷的消息，他兴奋不已，又匆匆告别亲人，继续出游，他经长沙到武汉，从武汉到上海、杭州和南京等地，到处会见国民党人，发表慷慨激昂的演说，抨击袁世凯政府，反复阐述国民党政见，力主组织国民党内阁。据说宋教仁并不以组织责任内阁为满足，他还怀抱一个大计划，想凭借国民党在议会中的多数地位，与他党提携，通过合法手段，甩开专横跋扈的袁世凯，选举"最为愚呆脆弱的黎元洪"为总统，这样便于控制总统，又便于"组织同志内阁"，国家大权就可以稳操在革命党人手里。

宋教仁的所作所为，确实使专制魔王袁世凯明显地感受到了严重的威胁和挑战。他认定宋教仁是国民党的灵魂，是他实行专制独裁的最大的障碍。私下里，袁向心腹谋士透露自己的苦衷："我现在不怕国民党以暴力夺取政权，就怕他们以合法手段取得政权，把我摆在无权无勇的位置上。"国民党在选举中获胜的结果，更使袁感受到了危机的紧迫。他咬牙切齿地对人说："噫！宋教仁意欲组织政党内阁耶？抑何相逼之甚也？"袁世凯终于动起了刺杀宋教仁的罪恶念头，并将这一罪恶勾当交由心腹爪牙、特务头目赵秉钧负责实施。于是，一张黑网迅速向宋教仁扑了过来。

第一届国会定于4月8日在北京开幕，袁世凯几次打电报给宋教仁，佯称邀请他北上共商国是。于是，宋教仁决定于3月20日由上海乘坐当晚11时沪宁快车前往南京，然后北上。

宋教仁北上之前，各地已经风传有人要加害他的消息。在武汉时，谭人凤即根据从北京传来的消息劝阻宋教仁："高明之家，鬼瞰其室。日间陶痴在京，侦得一极可疑虑之事，弟负物望，袁必见忌，宜稍知戒备焉。责任内阁现时难望成功，劝权养晦，无急于觊觎总理。予若任巡阅，备一火车，相与载酒同游，游览长江风景，不较置身内阁万几丛脞之为愈乎？"

宋教仁回答说："总理我无冀望之心，载酒游江，亦诚乐事。惟责任内阁实应时势之必要，未便变其主张也。戒备之说，前在湖南亦有以此言相劝者，实则蛇影杯弓之事也，请毋虑。"

宋教仁准备离开上海北上之前，一些革命党人仍然为他的安全担心，劝他暂时不要北上。宋教仁听后坦然一笑说："无妨，吾此行为统一全局，调和南北，正正堂堂，何足畏惧？"

陈其美也对他说："钝初，你不要快活，仔细他们会用暗杀手段来对付你。"

宋教仁仍不以为意，对陈其美说："只有我们革命党人会搞暗杀，哪里还怕他们来搞暗杀。"

于右任又劝他改水路，乘船北上，宋又嫌太慢，拒绝采纳。

1913年3月20日晚10时左右，宋教仁在黄兴、于右任、廖仲恺等人的陪同下来到上海火车站。10点40分，他们走到检票处，突然，三颗罪恶的子弹从背后向宋教仁飞来。宋当即中弹倒地。随行人员当即将宋教仁送往附近的铁路医院进行抢救。

陈其美闻此噩耗，连忙于次日晨赶到医院探视。其时，医生已经为宋教仁进行了手术，取出了身上的子弹。21日下午，又施行了第二次手术，然而终因伤势过重，抢救无效，于22日晨4时40分逝世，享年31岁。

宋教仁临终前，陈其美与黄兴各执宋教仁一只手，再三安慰他："钝初！放心，我们要代你报仇的。"

宋教仁去世后，陈其美为失去一位革命战友而伤心，他连呼："此事真不甘心！此事真不甘心！"

随后，陈其美命人从外间购来楠木棺材，与黄兴、于右任等人将宋教仁遗体入殓。

然后，陈其美即着手侦破宋案，为战友报仇。

袁世凯在获悉宋教仁的死讯后，自以为谋划诡秘，凶手又当场逃之夭夭，便满以为可瞒天过海，掩尽天下人耳目。于是便上演了一出悲天悯人、贼喊捉贼的丑剧。21日、22日，袁世凯连续两次电令江苏都督程德全、民政长应德闳，要他们对宋案"立悬重赏，限期破获，按法重办"，以及"迅缉凶犯，究究主名，务得确情，按法严办"。

与此同时，袁世凯还指使御用报纸大造国民党内部倾轧的谣言，企图转移视线，混淆是非。

陈果夫回忆说："宋教仁被杀，这是袁世凯最毒的阴谋。他想挑拨我们同志间的感情，故意说是陈某（英士）派人刺杀的。……英士先生听到外界谣言，说是他刺杀宋先生的话以后，便找了吴佩璜来。吴是替英士先生做情报工作的，在上海当电报局局长。袁和上海方面往来电报，我们都能拿得到，就完全靠吴佩璜的功劳。"

3月22日，陈其美与黄兴联名致函上海公共租界总巡捕房卜罗斯总巡，悬赏侦缉刺宋凶手，函云："兹有良友宋教仁君于二十号午后十时四十五分在沪宁车站被奸人枪伤，今晨四时四十七分去世。此案发生虽在内地，难保该凶手不藏匿租界，应请执事严饬得力探捕，加以侦缉。如能拿获正凶，澄清全案，准备赏银一万元，以为酬劳。宋君为民国要人，执事亦热心赞成民国，想当允如所请也。"

一般说来，蓄谋已久的政治谋杀案是难以破案的。但宋案的破获却富于戏剧性。

宋案发生后，在上海的国民党干部几乎全体出动，分头寻觅线索，对刺宋凶手大有食肉寝皮之慨。

23日，由于一个名叫王阿发的古董商向捕房提供了线索，当天就将要犯应桂馨抓捕归案。次日，又抓获行凶枪手武士英，并于应桂馨家搜出五响手枪一支及应桂馨与洪述祖、赵秉钧往来密电本和函电多件，其中最重要的有以下各件：

1913年1月14日，赵秉钧致应桂馨函："密码送请验收，以后有电直寄国务院可也。"

1月25日，应桂馨致电赵秉钧："国会盲争，真相已得，洪（述祖）回面详。"

2月1日，洪述祖致应桂馨函："大题目总以做一篇激烈文章，方有价值也。"

2月2日，应致赵秉钧电："孙、黄、黎、宋运动激烈，民党忽主宋任总理。已由日本购孙、黄、宋劣史……用照辑印十万册，拟从横滨发行。"

同日，洪致应桂馨函："紧要文章已略露一句，说必有激烈举动。弟（指应）须于题前径电老赵，索一数目。"4日又函："冬电到赵处，即交兄手面呈，总统阅后颇色喜，说弟颇有本事。既有把握，即望进行。"8日又函："宋辈有无觅处，中央对此似颇注意。"12日又函："来函已面呈总统，总理阅过，以后勿通电国务院，因智（赵秉钧字智庵）已将应密本交来，恐程君不机密，纯令归兄一手经理。"

3月13日，应致洪述祖函："《民立》记遯初在宁之演说词，谈之即知其近来之势力及趋向所在矣。事关大局，欲为釜底抽薪法，若不去宋，非特生出无穷是非，恐大局必为扰乱。"

同日，洪致应桂馨："毁宋酬勋，相度机宜，妥筹办理。"

14日，应致洪述祖电："梁山匪魁（指宋教仁），四出扰乱，危险实甚，已发紧急命令，设法剿捕之，转呈候示。"

18日，洪复应桂馨电："寒电立即照办。"次日又电："事速照行。"

21日凌晨两点，即武士英刺宋不到四小时，应致洪述祖电："二十四分钟所发急令已达，请先呈报。"同日又电："号电谅悉，匪魁已灭，我军无一伤亡，堪慰。望转呈。"

23日，洪致应桂馨函："号、筱两电悉，不再另复。鄙人于4月7日到沪。"

至此，宋案真相大白。刺杀"主凶"不是别人，正是下令"穷究主名"的袁世凯自己。

原来，袁世凯决定除掉宋教仁后，即交给国务总理赵秉钧负责进行。

赵秉钧还兼任内务总长，实际上是袁世凯手下第一号特务头目。赵秉钧又将此事交内务部秘书洪述祖负责承办。

洪述祖，字荫之，人称"洪杀胚"，时为内务部秘书，实际上是袁世凯手下最得力的特务头目，专门负责监视和对付革命党人。

应桂馨本是陈其美手下会党头目之一。上海光复后，应桂馨任沪军都督府谍报科长。后奉陈其美之命，护送孙中山赴南京就任临时大总统。总统府成立后，应桂馨由孙中山委任，担任总统府庶务科长。应本是会党流氓，自从出任庶务科长后，其劣根性很快暴露出来，他不仅遇事招摇，而且贪污伙食经费，为所欲为。有人向孙中山告发说："此人万不可用，不但撤职，还要查办。"孙中山考虑应桂馨与陈其美的关系，仅将应撤职了事，让他仍回上海。应居然要挟孙中山："侍卫队四十名卫士，是他从上海带来的，应当由他带回上海去。"孙中山说："可以根据各人自愿，愿留的可以留在这里，不愿留的可以让他回上海。"应当即吩咐担任孙中山侍卫工作的郭汉章将侍卫队四十名侍卫全部带回上海。并对郭汉章说："山东目前还没打过来，李燮和有二十营在上海，徐宝山有四十营在扬州，我们有六十营的兵力，还有几十万现款。临时大总统什么人都能干，你们最好跟我一同回上海去。"但郭汉章不愿离开孙中山，更不愿意与应桂馨这样的流氓混在一起，拒绝与应一起回上海，对此，应桂馨大发脾气说："郭汉章居然倒起我的戈来了，好，叫他看看我的手段吧。"应当即拿出四把左轮手枪交给四个亲信卫士，叫他们找机会打死郭汉章，替他出这口气。由于郭汉章平日对这些卫士推心置腹，情同骨肉，他们不但不执行应的指示，而且向郭汉章报告了应的这一阴谋。郭汉章马上将此事报告给了总统府近卫军总司令洪承点，洪听到后，大为震怒，说："总统府里一个被撤职的科长居然私发手枪打人，这成什么话！"立即将此事报告给了孙中山，孙中山指派总统府秘书长胡汉民处理此事。胡汉民下令将应桂馨发的四把手枪没收，并将应召到南京训斥一顿了事，教他好好改过自新。

应桂馨回到上海后，于1912年6月间，与李征五、刘福彪等会党头目发起联合青帮、洪帮、公口帮组织中华民国共进会。应桂馨在致沪军都督陈其美的呈文中说："纯粹组织民党，实行取缔会员，各处支部成立后，不准在外私开香堂，另立码头，剪除旧染习惯，免致与民国法律相抵触。总期立图改良，维持国内和平，增进国民道德。业经三党公决。"陈其美对应桂馨组织中华民国共进会表示支持，并应允担任首席发起人。后来陈其美说："当时，余亦为之赞助。因青红诸帮，革命出力不少，以黑暗之境，导入光明，取名共进，亦此主义。"共进会于7月1日成立，应桂馨自任会长。9月间，应桂馨所部会党分子因参与湖北武昌马队暴动，企图推翻湖北都督黎元洪。暴动失败后，应桂馨受到通缉。

1912年底，袁世凯派遣特务头目洪述祖南下活动，收买会党分子以对付革命党人。洪述祖通过张绍曾（共进会列名发起人之一）介绍，认识了应桂馨。经洪述祖推荐，江苏都督程德全委派应桂馨担任江苏驻沪巡查长，每月由程德全提供1000元，袁世凯提供2000元，作为应桂馨的活动经费。这样，应桂馨便与袁世凯拉上了关系。

洪述祖回到北京，向袁世凯疏通后，由袁世凯下令取消了应桂馨的通缉令。1912年12月16日，应桂馨应洪述祖之召，偕张尧卿（共进会发起人之一）进京活动，受到袁世凯和赵秉钧的亲自接见。袁以解散共进会名义，批给应桂馨5万元活动经费。从此，应桂馨死心塌地投靠了袁世凯，成为袁世凯在上海地区对付革命党人的一只罪恶鹰犬。当袁世凯决定刺杀宋教仁时，就将此事交给应桂馨执行。

应桂馨受命后，物色到了由山西流落到上海的武士英充当凶手。

武士英，原名吴福铭，山西平阳人。自幼不务正业，后入清军当兵，辛亥革命时在云南七十四标当管带，民国成立后，因军队遣散武士英流落到上海。因为混迹军中多年，练就了一身武功，枪法也好。应桂馨认为武士英枪法高超，且头脑简单，是一名唯知金钱的亡命之徒，正是担任刺杀凶手的合适人选。应桂馨召见武士英时，当即交给他 100 元大洋，并许诺待事情办妥后，赏大洋 1000 元。武士英满口答应，一桩罪恶的交易居然就这么达成了。

3 月 20 日晚，武士英怀揣应桂馨交给他的宋教仁的照片来到沪宁车站，当宋教仁出现在车站时，武士英当即举起了他那只黑手，向宋教仁连开三枪。一代才华横溢的革命领袖就这样断送在会党流氓分子的枪口下。

陈其美等革命党人利用会党分子从事反清活动。但在辛亥革命后，革命党人不能很好地改造和处理这批会党分子，结果酿成革命党人被会党分子反噬的后果。

三、上海讨袁军总司令

孙中山在获悉宋教仁遇刺身亡的消息后，当即中断在日本的访问，于 25 日回到上海。当天晚上，他与陈其美、居正、戴季陶等集会于黄兴寓所，商讨对策。

会上，发生了严重的意见分歧。黄兴主张按照法律程序推倒袁世凯。激烈派的戴季陶一贯主张二次革命，因此竭力反对黄兴的意见。黄兴坚持认为"南方武力不足恃，苟或发难，必致大局糜烂"。他并主张"以其制人之道，还治其人之身"，即暗杀袁世凯，以"省事免牺牲"。孙中山认为，"总统指使暗杀，则断非法律所能解决，所能解决者只有武力。"孙中山在分析了当时的形势后指出："袁氏手握大权，发号施令，调兵遣将，行动极其自由。在我惟有出其不意，攻其不备，迅雷不及掩耳，先发始足制人。"孙中山还强调说："宋案证据既已确凿，人心激昂，民气愤张，正可及时利用。否则时机一纵即逝，后悔终嗟无及。"会议的结果，黄兴一派的意见占了上风，孙中山先发制人的主张被否决。

3月26日，孙中山告诉日本有吉总领事，称："昨日以来，与党内之得力者协商，决意无论如何按正当之手段诉之于世界之公议而将袁世凯排斥之。即考虑使议会按照预期集会，一开头即弹劾袁之丧失立场。而假若我党所主张之政党内阁得到贯彻，则陈述大总统乃一 figure head（傀儡）而已，任何人均可当之。"

按照法律解决宋案的设法，陈其美、孙中山、黄兴与专程到沪的江苏都督程德全商议后，均以宋案关系重大，与寻常杀人案件有别，决定组织特别法庭。并商定由程德全出面与袁世凯及内务、司法两部磋商组织特别法庭的具体事宜。

4月13日，国民党上海交通部在张园举行宋教仁追悼大会。大会原定由黄兴主持，因黄染病，临时改由陈其美主持。陈其美在致词中指出："宋先生抱利国福民政见，人所共喻。先生无私仇，故先生之死，为国为民。故吾国民应致追悼之意，而开此追悼会，并继先生利国福民之志，以慰先生。同人等对于此会有无上之感触，愿与同人共纪念之。"

在陈其美与孙中山、黄兴等人的强烈要求下，程德全与应德闳于4月25日通电公布宋案主要证据四十四件，使宋案真相暴露于全国人民面前。陈其美、黄兴经与程德全商议后，拟在上海组织特别法庭，公开审理，并呈请袁世凯任命特别法庭组成人员。袁世凯做贼心虚，唆使总统府秘书长梁士诒、司法总长许世英出面阻挠。国民党领导人不理睬袁世凯及其同党的阻挠，径自在上海成立了特别法庭，并令上海地方检察厅票传宋案主谋犯赵秉钧到案受审。但被告方律师却借口现任本庭法官未奉大总统、司法总长任命，不符合《临时约法》的规定，没有开庭的资格，于是被告拒绝到庭。这样一来，宋案的法律解决陷入了"公判不成，律师抗告，法庭冰搁，政府抵制，不但事实不进行，连新闻都没有"的冷落局面，所谓法律解决，完全成了空谈。

国民党在力争以法律解决宋案的同时，也并没有完全放弃军事上的准备。1913年4月中下旬，国民党在上海召开了第一次秘密军事会议。孙中山、黄兴、陈其美与安徽都督柏文蔚、江西都督李烈钧、湖南都督代表周震鳞、广东都督代表覃鎏钦等参加了会议。孙中山在会上仍主张立即兴师讨伐，但黄兴仍以袁世凯逆迹尚未昭著，南方的革命军又甫经裁汰，必须加以整备才能作战，因而主张稍缓用兵，以观事变。与会的高级将领均同意黄兴的意见，陈其美当时也倾向于黄兴的主张。

他们都认为："我方兵力不能敌袁，与其速战失败，莫若练兵观变，袁尚不敢过于轻视。"孙中山格于众议，无法坚持自己的主张。会议决定，南方各省进行全面的准备工作。

5月间，上海发生了激进的中下级革命党人自发进攻上海制造局的事件。这次事件是由参加过辛亥革命的一些会党头目发动的。其中有共进会副会长、铁血监视团发起人张尧卿，广东绿林改进团领袖柳人环，上海工党成员、铁血监视团成员韩恢等人，他们还联络了上海籍的工党头目徐企文，利用徐熟悉上海情形的有利条件，出头组织。张尧卿、柳人环并分别以黄兴、陈其美的名义来组织队伍。他们联络的对象，主要是退伍军人、无业游民和驻守上海制造局的下级军官。但陈其美、黄兴此时仍幻想与袁世凯调和，为避免被袁世凯抓住把柄，轻率决定抛弃这批本可利用的激进革命党人。5月27日，陈其美、黄兴获悉张、柳等企图起事的消息后，一方面阻止制造局参与其事，一方面还派黄郛赴南京向江苏都督程德全报告，并用电话通知了制造局总理陈愉。程德全、陈愉得到了确切情报后，立即作了周密的应变部署，并派间谍打入起事军内部，充当内线。

5月29日晨1时，徐企文率领100多人，打着"中华民国国民军"的旗号进攻制造局，当即遭到有准备的阻击，徐企文被诱捕，起事者一哄而散。

徐企文起事失败后，陈其美还于5月31日偕《民强报》记者亲赴制造局，向陈愻表白自己与此事无关。陈其美企图用这种笨拙的办法阻止政府军南下，当然不会有什么结果。

袁世凯利用此事向程德全施加压力，要程同意由中央调兵进驻上海制造局；同时将徐企文押赴北京审讯，企图利用徐企文栽赃陈其美与黄兴。但徐企文其人倒是很有骨气，在袁世凯爪牙的严刑拷打之下，始终没有捏词栽诬以报复陈其美与黄兴抛弃他的错误做法。

1913年9月8日，徐企文被袁世凯处死于北京。

陈其美等国民党人希望以妥协来缓和袁世凯的压力，以保存国民党现在的地盘和实力，这种委曲求全的做法也是行不通的。

当袁世凯在政治、军事、财政等各方面做好了进攻南方的准备后，立即露出了凶恶的面孔。

6月9日，袁世凯悍然下令罢免国民党籍的江西都督李烈钧，稍后又陆继罢免了广东都督胡汉民、安徽都督柏文蔚等人的职务。袁世凯对国民党地盘的剥夺，迫使国民党不得不做出最后的抉择：是束手待毙还是背水一战？

此时的孙中山、陈其美等人均被袁世凯的步步紧逼激怒了。孙、陈均主张不计成败与袁世凯一决雌雄。孙中山说："不战必然要被消灭；战，成败未可知。与其不战而被消灭，不如战败而发扬我们的革命精神。"陈其美在上海与有吉总领事谈话中，也表示："本人自始即持稳健意见，但现若仍旧不作改变，徒自招灭亡而已。国民不独苦于与革命前相同之苛政也。高见实深感谢。我党现亦分为稳健、过激两派，前者恃议会，虽欲成事，亦鲜见成效。即如本人，最近亦至于不得已而与之以过激之说。孙、黄二君多年流浪于外国，实际之见机不敏。去年之革命，亦系按我等人之手的计划者，孙、黄不过中途返国而已。因而孙此次广东之行，与其预期相反，因两三旅团长被收买丧胆，透露完全失望之吻。黄则徒然多疑，坐失良机。此无非通晓国内之情况而已。余等实际当事者，尚未至十分悲观。云云。透露无论如何计划进行武装抵抗之口吻。"

陈其美对黄兴等人仍持稳健态度极为不满，在与有吉总领事谈话时，"频频谓黄兴之徒，名曰自重而迟疑不决，结果误却大事"。

7月12日，李烈钧在江西湖口宣布独立，起兵讨袁。国民党经过数月来的痛苦选择，终于打响了以武装反抗袁世凯的第一枪。

江西起义后，南方各省也迅速准备响应。江苏及上海上区是国民党力量比较雄厚的地区。当时驻南京的国民党高级将领陈之骥、章梓、洪承点、冷遹等人认为，江苏军队依靠上海制造局补充军火弹药，现在袁世凯已先发制人，派遣中央军一个团进驻制造局。如果上海不先行发动，夺下制造局，则江苏军队将处于相当危险的境地。他们派人赴上海，请陈其美、黄兴先在上海发动，然后南京即行通电响应。

陈其美原以为以海陆两军驱逐制造局北军，其事易易。然而，此时的上海驻军已经变卦，不再支持革命。陈其美派黄郛去运动驻制造局的旧部第六十一团，但该团一营已被调往龙华，全团处于被政府军分割监视的局面，不敢先行发动。陈其美又企图调宁波顾乃斌旅来沪发动，但因尚未宣布独立，师出无名，顾旅也难以调动。陈其美在上海上区无法发动，只好请黄兴赴南京先行发动。据黄炎培回忆："国民党既和袁世凯势成水火，中间陈其美最主张起兵北伐……而黄兴为人比较慎重，陈其美故意诬他受袁世凯贿，逼他说：'你不是受袁贿，何不去南京劝程德全都督出兵，你不去说程，证明你受袁贿。'"

恰在此时，又传来了朱卓文受孙中山的指派，携款到南京运动第八师营、连长，叫他们杀了师长、旅长后宣布独立的惊人消息。第八师是国民党的主力之一，为了避免孙中山失去理智的举措，让第八师官兵的自相残杀，黄兴不得不放弃消极态度。当时，义愤填膺的孙中山正准备前往南京"冒险一发，以求一死所"。黄兴以孙中山"不善戎伍，措置稍乖，遗祸匪浅"为词，力阻孙中山去南京，表示自己愿代孙中山前往指挥，孙中山勉强同意。

7月14日夜，黄兴轻车简从，从上海抵达南京，在第11师师长陈之骥寓所召开紧急军事会议，部署讨袁计划。次日晨，黄兴率领高级将领前往都督府，说明讨袁大义，请程协助。程德全迫于环境，不得不虚与委蛇，附和讨袁。当天，以程德全、应德闳、黄兴为江苏讨袁军总司令。

与此同时，陈其美也在上海紧锣密鼓地进行准备工作。但苦于兵力不足，以致迟迟不能发动。为此，遭到南京方面的指责。南京一位师长责问在宁沪联络的赵正平说："你说南京独立了，上海没有问题，为什么上海到今天还没有宣布？"

陈其美几经努力，以收容军校学生为主，组成了一支约200人的奋勇军，由其直接掌握，并从钮永建统率的松军那里获得了一些武器。7月17日，钮永建在松江临时组织了一个团的军队，和当地沈葆义的水师开抵上海龙华，陈其美还向南京请求支援。7月19日驻镇江的赵念伯第三十二旅一个团开抵上海。22日，刘福彪统率的福字营亦从南京调回上海，陈其美将福字营改编为特别敢死队。

7月18日，黄兴委任陈其美为上海讨袁军总司令，钮永建为参谋长，在上海南京设立了司令部。陈其美的盟弟黄郛因不主战，不肯担任沪军参谋长。黄郛虽然没有担任正式职务，但仍以公谊私交，留在陈其美身边协助。当天，陈其美发表就任驻沪讨袁军总司令通告，宣布："除节制所属各军外，凡上海所有民政司法外交交通各机关，统由本总司令管理。"

上海宣布独立后，南京方面希望陈其美早日攻下中央军驻守的制造局，为南京的革命军队提供军火支持。但陈其美因受到来自上海商界和帝国主义列强的重重压力，迟迟不敢采取行动。

辛亥革命后，资产阶级认为"秩序渐安"，经济上也获得了一定发展，因而普遍地存在着"厌战""厌乱"的心理，他们不愿意稍微安定的环境再次受到破坏，害怕因战争引起社会动荡而影响他们自身的经济利益。"出于对革命的恐惧，在阶级斗争的一个又一个关键时刻，宁可选择依附和支持旧势力的途径，来对付他们心目中的'暴乱分子'——革命势力"。

7月17日，由上海南商会发起，与商团公会、救火联合会、教育会等四个团体组织了上海保卫团，公推李平书为团长，"一面维持内部治安，一面弭止战祸，务使我上海地方不遭兵火为目的"。

上海南商会还致电陈其美与孙中山、黄兴及郑汝成，强烈反对在上海开战。上海总商会则以貌似公正、不偏不倚的态度致函南北两军："上海系中国商场，既非战地，制造局系民国公共之产，无南北争持之必要。无论何方面先启衅端，是与人民为敌，人民即视为乱党。为特函告台端，约束麾下，勿与人民为敌，轻启衅端，众商感戴。"

帝国主义列强也与商团配合，向革命党人施加压力。列强一方面向上海增派军队，在租界构筑工事。根据上海租界的请求，驻华公使团电饬驻沪领事团向南北两军蛮横地宣布：（1）无论南北，如欲在沪开战者，须离租界三十英里。（2）须各存金镑一千万镑，预备偿还各项损失。否则，即以违背万国公法论，定行干涉。

上海公共租界工部局还议决，将陈其美与孙中山、黄兴、岑春煊、李平书、沈缦云、王一亭、杨信之八人驱逐出租界。

在沪上商界和列强的巨大压力下，陈其美一度寄希望于通过谈判，使制造局中的中央军和平退让。起初，由上海保卫团团长李平书致函郑汝成，要求中央军和平退让制造局，遭到郑汝成的断然拒绝。

7月20日，李平书又会同上海各个公团领袖邀请郑汝成和陈其美在高昌庙自来水厂内举行秘密会谈，李再次建议："以制造局作为中立，应将该局军火一并封存，以等南北大局定夺之后，再行办理。"此议仍遭到郑汝成、臧致平的断然拒绝，他们声称："我等系奉袁氏之命来此，保护该局军械，断难违命。如果前来攻劫，我等只有抵御之法。"

李平书又提议讨袁军移扎沪北，以取北伐进兵，而与制造局北军隔离。此议又遭到陈其美的拒绝。李平书见调停不成，当即怒斥郑汝成"勿恃兵精，不顾民意"，又恳切告诫陈其美"今年之事，地方不赞同，非上年可比，上年保卫治安，地方戴德，今慎勿轻举妄动，使之反德为怨，致以后无从办事"。

结果，三方不欢而散。

23日晨3时，上海讨袁战争拉开序幕。战争开始前，郑汝成已将中央军全部开进制造局，采取坚守待援的战略。

战争开始，陈其美指挥第六十一团和第三十七团进攻制造局西栅，福字营助攻；松军、镇军进攻制造局正门。中央军凭借坚固工事死战。海军总司令李鼎新指挥海军舰队从黄浦江一发巨炮压制讨袁军之火力。讨袁军的炮兵营被摧毁，讨袁军的进攻受挫。战至上午11时，讨袁军见攻击无效，不得不暂时停止进攻。

讨袁军鉴于白天攻击受挫，决定发起夜战。当晚10时，讨袁军再次发起进攻，仍由福字营任先锋；松军、浙军和镇军随后，激战至11时45分停战。至24时晨2时45分，两军又激战四十分钟。讨袁军异常奋勇，猛扑东栅，仍然被海军舰队发巨炮击退。据称，讨袁军伤亡较大。

郑汝成在多次击退讨袁军的进攻后，气焰顿时嚣张起来。他致函南市商团，威胁说："如果陈其美不取消设在南市的讨袁军总司令部，他就命令海军开炮摧毁。"陈其美为避免南市商场遭受战火破坏，决定将司令部迁至闸北位于沪宁车站北南海会馆，这里原是辛亥革命时期沪军第二十三师师长黄郛的司令部旧址。

24日晚9时，战火重燃，政府军探知沪杭火车站附近驻有新开到上海的钮永建部松军2000名，中央军当即出动500人前往攻击。两军在车站附近展开作战。不久，讨袁军佯败西退，政府军紧随追击。这时，另一路松军趁机进攻制造局西栅，两军互有伤亡，仍然未见胜负。当晚激战时，被关押在南市监狱的宋案主犯之一应桂馨纠合同监狱的数十名囚犯越狱而出。

本来，在陈其美将讨袁军司令部由南市迁往闸北时周南陔就曾向陈其美请示，刺宋要犯应桂馨，押在城里地方监中，是将他带到闸北军中，还是就在此时把他枪毙了？陈其美因为精神十分疲惫，而且患着目疾，双眼红肿，不能睁视，听了周南陔的请示后，思索良久，然后答复道："不必！此案既归司法办理，应由司法处理。我辈向来责备袁世凯违法，现在不能自蹈其咎。"陈其美因为不能睁眼，便用手作势，指着另一个手心道："放心！放心！总在我们的这里（这里即指手掌）。"周南陔不好违抗，只得作罢。不料，终于让应桂馨趁乱逃跑了。

次日，上海红十字会会长沈仲礼、美国医生柯司在驻沪领事团的支持下，出来调停战争。沈仲礼、柯司医生首先来到海筹军舰，会见政府军李鼎新、郑汝成二位司令，向他们反复陈述：上海租界内外有居民200万人，请以人道为重。经过再三央求，李鼎新、郑汝成回复两点：（1）南北两军一律退往吴淞外决战；（2）闸北与城内不准再战，南军司令部不准在华界再行开战。随后，沈、柯二人又驱车前往闸北会见陈其美，告以"勿因袁（世凯）一人，伤害沪人数千万生民财产"。并向陈其美转述了政府军方面的条件。陈其美断然予以拒绝。

25日晚，双方继续战斗，松军1500人猛攻制造局。政府军以探照灯扫视，一旦发现讨袁军，立即以机关炮轰击，并由海军开炮轰击，松军因探照灯射眼，无法前进，亦只能远距离开炮还击。翌日，驻沪领事团与工部局召开会议，再次决定干涉中国内战，于 26 日发出通告：

> 上海外国公界，本为商务而设。近数日来，毗连之处乱起，阻挠商业，又复破坏本界秩序。现各外国领事馆及工部局宣示，或在本界或于七界以北毗连各乡，不准作为行军根据及阴谋计策中点之用。两方面之中国兵弁，无论何方，均须迁出本界北乡之外，以免战事波及本界，而保卫各国守分商民之安宁。且军事领袖与有连带者，无论何党或文或武，亦应由本界及本界北乡，立即迁出，如违定行提究。（朱宗震编：《民初政争与二次革命》下编，第 721—722 页）

27 日晨，租界工部局借口闸北中国商人请求保护生命财产，派遣总巡捕卜罗斯率马队三十余人，侵入中国地界，开往闸北南海会馆和湖州会馆，驱逐讨袁军。蒋介石所率的原沪军第六十一团一部约 207 名讨袁军为英军缴械。陈其美被迫将司令部迁往吴淞中国公学内。

28 日晚，讨袁军对制造局发起最后一次象征性的进攻。这一天，海军总长刘冠雄率领的舰队护送政府军第四师李厚基旅南下，三天后陆续抵达上海，进驻制造局，讨袁军被迫向七宝一线退却，制造局解围。7 月 31 日，浙江都督朱瑞派遣的浙军也开赴上海支持政府军，松军被迫退往吴淞一带。讨袁军被迫局守在江湾——吴淞一隅。

7 月 31 日，陈其美倚重的刘福彪部也在程德全的策反下，在吴淞准备叛变，企图与政府军里应外合，袭击讨袁军。幸亏发现及时，才未造成恶果。8 月 6 日，吴淞要塞总监白逾桓与吴淞司令居正先发制人，将刘福彪部缴械。

8 月 13 日，吴淞炮台遭政府军海军舰队巨炮轰击，炮台失守。钮永建部松军和居正部讨袁军退往太仓一带。

至此，上海讨袁军完全失败，陈其美被迫逃往租界躲避。

在此之前，袁世凯已于7月31日悬赏捉拿陈其美、黄兴、黄郛、李书城等4人。其赏格分别是黄兴10万元，陈其美5万元，黄郛与李书城各2万元，且不论生死，一律给赏。

8月14日，上海租界工部局趁机落井下石，通知陈其美"不准留在或进入上海外界租界"。并声称，在接到本通知后，"若仍留在租界范围之内，立派巡捕拘拿"。

对于租界当局的此种行为，陈其美非常气愤。8月31日，他致函上海领事团，对强令迁出租界事提出严正抗议，并且正告领事团：以公理人道为重，切莫与我国人民结怨。在陈其美的抗议下，领事团不能不有所顾虑，终于将驱逐陈其美出租界的原案撤销。

四、夺取浙江计划流产

二次革命的失败，国民党丢失了所有地盘，军队也全部溃散。袁世凯乘势大兴党狱，诛锄异己，国内笼罩着浓厚的反革命恐怖气氛。国民党领袖和高级将领在国内无法立足，相继流亡日本或海外。

陈其美蛰伏在上海公共租界内，在力所能及的范围内，从事二次革命的善后工作。陈其美这项工作交由其侄陈果夫负责办理。

陈其美除了办理善后，还与一部分留在国内的革命党人图谋在宁波建立反袁根据地。

1913年8月中旬，匿居在上海租界的季雨霖、殷汝骊、夏杰唐、程潜、汪精卫、刘艺舟、胡经武等十余人，在上海静安寺路沧州别墅八号楼上开秘密会议，商议今后进行方针。经过全体与会者的讨论，决定设立实行部、继续部、暗杀部，三部之间互相配合，开展活动。具体分工是，由陈其美、王金发、钮永建图湖州、宁波各处；由戴季陶、刘艺舟赴大连组织机关部，在奉、吉两省展开活动；林虎等潜入湖南，联合该省青、红帮，并运动军队，谋二次独立。

9月初，陈其美偕王金发、蒋介石潜赴宁波，拟以宁波为根据地。同时，陈其美还派姚勇忱等十余人前往杭、嘉、湖"分头行事"。雷铁生、方继英、沈凤祥等在上海英租界收集炸弹武器，拟推举雷铁生为浙江都督，组成浙江讨袁军，在浙江起义。

陈其美等在宁波的活动，因浙江都督朱瑞态度有变而受阻。雷铁生派炸弹队长方济青运十余枚炸弹至董家渡，途中被郑汝成部发觉，所运炸弹连同秘密机关一同被破获。雷铁生被捕入狱。

陈其美见图浙不成，又拟改变方针，计划联络日本浪人，筹饷购械，以台湾为根据地，从闽、浙两省着手。同时派遣革命党人赴大连联络胡党与宗社党人，在北方起事。这些计划在实行中也因力量不济而被迫中辍。

二次革命失败后，由于袁世凯的高压恐怖活动，革命党人活动的空间有限。陈其美见在国内已难有作为，便决定应孙中山之召，潜赴日本，继续从事反袁斗争。

陈其美在赴日前，曾于9月26日晚秘密回到上海海宁路10号与家人告别。他很乐观地对家人说："此次失败，非袁世凯力强，乃党人自己太弱。非因人少，实以无团结力，各自为谋所致。今当奋发精神，期以二年，必能复举。二年之后，当再与家人团集也。"

中华革命党擎天柱

一、孙中山坚定的拥护者

1913 年 10 月 1 日晚，陈其美秘密离开上海，于 3 日抵达日本东京。

在此之前，国民党主要领袖和高级干部中的多数均已亡命日本。孙中山是 8 月 18 日抵达日本东京的，寓亦坂区灵南坂 27 号海妻猪勇彦宅。黄兴亦于 8 月 27 日到达东京，化名冈本义一，寓芝区高轮南町。先后抵达日本的国民党高级干部还有李烈钧、柏文蔚、居正、谢持、许崇智、田桐、廖仲恺、熊克武、李根源、钮永建、林虎、冷遹、程潜、耿毅、章梓、方声涛、邹鲁、谭人凤、李书城、覃振、杨庶堪、周震鳞、何成浚、陈强、程子楷、王统等人。二次革命后与陈其美一起留在国内坚持斗争的戴季陶、朱执信、邓铿等也于 10 月间陆续抵达日本。此外，蔡元培、吴稚晖、汪精卫、马君武、石瑛等人流亡到了欧洲；陈炯明、何子奇、彭程万、姚雨平、古应芬等则避居南洋群岛。

革命失败了，及时总结经验教训，以利于今后的革命斗争，这是非常必要的。但孙中山在总结国民党失败的原因时，却忽略客观原因，过分强调革命党人主观因素，并由此过分地追究国民党军事领袖黄兴等人的责任，最终导致国民党两大领袖孙中山与黄兴的暂时分家和革命阵营的分裂。

孙中山认为，国民党在二次革命失败的主要原因，一是不服从，二是不统一，尤其是不肯服从一个领袖的命令。孙中山指出：国民党成立后，把同盟会时代的组织纪律完全抛弃，首领的命令既不服从，旧的主张也不遵照，人人都在那里自由行动，使革命主义无以贯彻，因而失势力，误时机；战争爆发后，国民党的各省都督又不听号令，以致坐失良机。其次，在于党内不能统一。同盟会改组为国民党后，徒以主义号召同志，但求主义之相同，不计品流之纯粹。故当时党员虽众，声势虽大，而内部分子意见分歧，步骤凌乱，既无团结自治之精神，复无奉令承教之美德，致党魁则等于傀儡，党员则有类散沙。

孙中山并由此追究黄兴的所谓错误和责任：在南北议和时期，孙中山愤袁氏狡诈，曾主张宁可开战，也不可让步，但黄兴不赞成；孙中山主张建都南京，要袁世凯南来就职，黄兴也不表示坚决支持；宋案发生以后，孙中山主张用武力解决，黄兴也不肯听；孙中山欲再赴日本求援，黄兴劝阻其行；孙中山本拟亲赴南京誓师讨袁，黄兴又自告奋勇，阻其前往，致招失败，全局瓦解。因此之故，当黄兴到达东京，第一次进见孙中山时，即"大被痛骂"。黄兴虽然"温温自克，不一校"，但自此后"孙、黄裂痕显然"。

在关于今后的行动方针上，孙中山很乐观地认为，袁世凯现在表现上虽然气焰嚣张，不可一世，但实际上内外交困，危机四伏。"如果能从现在准备，一年两年中，一定可以造成一番新的形势"。因此，孙中山号召革命党人，以激进主义，从事第三次革命。黄兴则没有那么乐观。他认为，二次革命时革命党拥兵数万，据地数省，尚且失败；今天亡命海外，"无尺土一兵，安敢妄言激进？"黄兴认为，此时如果和袁世凯硬拼，只能白白送掉热血青年的性命，于事无所补。因此，黄兴主张，在革命时机未成熟前，应该从长计议。李烈钧、陈炯明、柏文蔚、熊克武、李根源、钮永建、林虎、程潜等国民党高级将领均赞同黄兴的缓进主张。

在是否要重新组党的问题上，孙、黄意见也截然相反。孙中山认为，国民党在二次革命中的失败，"非袁氏兵力强，实同党人心之涣散"。国民党散漫无成，即使袁世凯不下令解散它，亦已名存实亡，这样的政党，不可能继续领导革命。因此，孙中山表示："国民党已成一盘散沙，党员不听号令，这个党我不要了。"孙中山主张解散国民党，重新组织中华革命党。黄兴则主张"仍用旧党加以整理,力求扩充之",因此,不同意解散国民党。

孙、黄两大领袖人物在一系列重大问题上各执一词,各自的拥护者们则互相攻讦,矛盾越来越大,终因思想上的分歧导致组织上的分化。

孙中山不顾黄兴等人的反对,决定抛弃国民党,组织中华革命党。孙中山提出了三条建党方针:(一)改变不服从领袖的心理,绝对服从党魁命令;(二)使以前散漫的组织,变得严密起来,团结起来;(三)把党内一切不革命分子、不纯粹的分子排除出去,正本清源。孙中山认为:"根本上须使党有统一的组织,坚固的宗旨,党员有纯粹的志趣,才有办法。"

1913年9月27日,孙中山亲自拟定了入党誓词,严格规定:凡欲加入中华革命党者,无论其在党的历史及资格如何深久,皆须重新填写誓约,并加按指模以示坚决。这天,王统、黄元秀、朱卓文、陆惠生、马素等5位原国民党中下级党员首立誓约,成为中华革命党的第一批党员。其誓约全文如下:

> 立誓人某某,为救中国危亡,拯生民痛苦,愿牺牲一己生命、自由、权利,附从孙先生,再举革命,务达民权民生两主义,并创制五权宪法,使政治修明,民生乐利,措国基于巩固,维世界之和平,特诚谨矢誓如左:
>
> 一、实行宗旨;
>
> 二、服从命令;
>
> 三、尽忠职务;
>
> 四、严守秘密;
>
> 五、誓共秘密。

从兹永守此约，至死不渝。如有二心，甘受极刑。　中华民

国　省　县（捺指模）

中华民国　年　月　日

孙中山解释说："立誓约，订新章，一切皆有鉴于前车，而统一事权、服从命令为主要。"要入党者在誓约上打指模是为了克服异党入据、以伪乱真的现象，同时也表示加入革命的决心。

但是，由于孙中山片面地总结了二次革命失败的教训，甚至错误地以为服从他，就是服从他所主张的革命，服从他的革命，自然应服从他。这种思想驱使他固执地改变了同盟会时代的民主原则，并借用旧式会党的落后的组织手段。其结果使秘密发展中的中华革命党染上了宗派主义的色彩。以黄兴为首的一大批原国民党高级干部对此极为不满，但中华革命党却得到了陈其美等人的坚决支持。

1913年10月7日，陈其美偕戴季陶、陆惠生、山田纯三郎进见孙中山，田桐随后亦到。陈其美经与孙中山交谈后，两人在一系列重大问题上达成了一致认识。陈其美说："辛亥革命，手持寸铁，集众数百，武昌一呼，全国振荡者，革命党之精神有以致之也。癸丑一役，据地数省，拥兵十万，北兵负隅，而全盛局失败者，革命党中锐气消沉之所致也。"陈其美还指出："二次革命之发生，由于第一次革命之敷衍妥协，而第二次革命之失败，由于我党之不统一。其原因皆由诸同志不能奉先生之教令，往事具在，后之进行，须鉴前车。欲革命之能达目的，非此不可。"（何仲萧编：《陈英士先生纪念全集》一，第244—245页）

陈其美还很后悔以往自己不能很好地听从孙中山的命令。邵元冲写道："（陈其美）回想这一年多的经过事实，觉得许多地方，中山先生都能事先见到、想到，因各同志见识学力不及中山先生，以致处处牵制中山先生

中华革命党成立时，孙中山与陈其美合影

的主张，不能服从其命令，因此有这样重大的失败，自己非常的追悔。遂决心服从中山先生的主张，助其组织中华革命党，以严格地训练党员。"（何仲萧编：《陈英士先生纪念全集》一，第100—101页）

在陈其美与孙中山会面的当天，即由孙中山担任介绍人兼主盟人，陈其美与戴季陶、田桐、范光启等加入中华革命党，陈其美在中华革命党的入党号是第7号。

但是，黄兴等人则以为，孙中山主张在入党誓约上写上"附从孙先生，再举革命"，这是等于附从一个人帮助一个人来革命了；如果在《誓约》内附印上指模，这是等于犯罪的人写供状一样。前者不平等，后者则太侮辱人了。所以，这两件事是不愿做的。黄兴本来是革命党内识大体、顾大局的谦谦君子，自1905年同盟会成立以来，始终维护孙中山的领袖地位，可是在组建中华革命党的问题上，黄兴却一改往昔谦和容忍的态度，与孙中山进行了激烈的争论。据说，有一次黄兴和孙中山争论时，"二人感情激昂，时声高惊四壁。晚餐后再行激论，深夜未尽，终喧哗而别。两者皆自信极强，固执己见，终不苟且相容，依旧如斯"。

对于孙中山这种矫枉过正的做法，不仅黄兴及黄派军人反对，就连孙中山的亲信胡汉民、何天炯等人也不大赞成。"黄兴及李烈钧在东，颇倡缓进之议，不善孙公所为。胡汉民、居正、谢持、杨庶堪等初韪黄（兴）、李（烈钧）议，不愿加入新党"。

后来担任中华革命党广东支部长的何天炯，也是积极主张调和的。根据日本东京警视厅的报告，何天炯从 1913 年 9 月 16 日抵达日本开始，至 1913 年 11 月 1 日为止，先后拜访孙中山 24 次，拜访黄兴 4 次，在孙、黄之间进行调停，但因为孙中山始终不让步，调停没有结果。何天炯无可奈何之下放弃调停，并于 11 月 1 日当着孙中山的面填写了《誓约》，加入了中华革命党，当年 12 月 16 日，何天炯被孙中山委任为中华革命党广东支部长。尽管如此，何天炯内心里对孙中山的主张是持保留态度的。

在此期间，孙中山另一亲信胡汉民约集居正、田桐、覃振、谢持等十几个人召开会议，商讨调停孙、黄矛盾。会议开了十几个小时，最后商量出一个妥协折中办法：建议孙中山将誓词中"服从孙中山"改为"服从中华革命党之总理"。然后推代表向孙、黄分别说明，孙中山、黄兴二人都表示同意，但陈其美坚决反对这种妥协。

陈其美对黄兴在二次革命中的迟疑不决本来就不满，在孙中山、黄兴的这场争论中，陈其美毫不保留地站到了孙中山一边，成为孙中山最坚定的拥护者和支持者。

据程潜回忆，有一回，陈其美与李烈钧在议论癸丑之役（即"二次革命"）南京方面军事失利的责任问题，陈其美意在言外地把责任通通推到黄兴身上，说党人没有听从孙中山的意见，及早发难，致使失败如此之速。不料，李烈钧不仅不同意陈其美的看法，反而对陈反唇相讥，他对陈其美说："国民党改组后，事权不一，癸丑之役失利，黄克强岂能独负其责？辛亥之后，同盟会有些老同志利欲熏心，都想做都督，一时闹出了无数的野鸡都督，趾高气扬，自由行动，不受党的约束，这难道也要黄克强来负责吗？""陈其美听到这番意含揶揄的话，气得目眦欲裂，怒发上冲，但也只好吞声忍气，不加申辩而散"。

也许是因为这次不愉快的经历，陈其美此后即"力排众议，主亟进"。"陈其美复到处奔走，要大家赞成，凡不赞成加入的同志他就大肆攻击"。

陈其美、戴季陶等人还抓住黄兴在东京建造简易住房一事做文章。对于革命同志的相互倾轧，黄兴感到愤懑和难过。他在致友人的信中很沉重地说："今日亡命海外，何以家为？同志交谪，亦所甘受。然以弟不赞成中山之举动，以是相迫，不但非弟所乐闻，且甚为弟所鄙视。其手段之卑劣也，近日造谣，倾轧之机已露，颇不愿白于大雅之前，谨就此房屋事再为兄一陈之。……不偏执、不苟同，此弟所自信，并敢以告兄者，知我罪我，用待将来。"

在致刘承烈的信中，黄兴还指出："党事弟久灰心。近来尤其诡谲之态。不德如弟，欲图挽救，转受毁伤，尚有何说！属思宕将来，既感且佩。恐人不我与，犹含沙蹑其后。请拭目以观，必有所悟也。"

5月29日，黄兴致函孙中山，对陈其美等人的指责有所申辩。当天，孙中山复函，除重申以往对黄兴的种种不满外，孙中山最后表示："及今图第三次，弟欲负完全责任，愿附从者，必当纯然听从弟之号令。今兄主张仍与弟不同，则不入会者宜也。此弟所以敬佩而满足者也。弟有所求于兄者，则望兄让我干此第三次之事，限以二年为期，过此犹不成，兄可继续出而任事，弟当让兄独办。如弟幸而成功，则请兄出任政治之事。此时弟决意一到战场，以遂生平之志，以试生平之学。今在筹备之中，有一极要之事求兄解决者，则望……弟所望党人者，今后若仍承认弟为党魁者，必当完全服从党魁之命令。因第二次之失败，全在不听我之号令耳。所以，今后弟欲为真党魁，不欲为假党魁，庶几事权统一，中国尚有救药也。"（毛注青编：《黄兴年谱长编》，第424页）

黄兴是革命党具有崇高威望的三军主帅，如今受到孙中山、陈其美等人的严厉指责，同盟会的军事骨干，即所谓"黄派军人"，如李烈钧、陈炯明、柏文蔚、熊克武、钮永建、李书城、冷遹、章梓、赵正平、方声涛、林虎、李明扬、龚振鹏、程潜、张孝准、陈强等深为黄兴抱不平，"皆愿以黄克强的进退为进退"。

黄派军人并指责陈其美"在新党尚未宣布成立，就以青帮首领身份窃据组织部门要津"。当孙中山派居正、覃振等去劝黄派军人加入中华革命党时，黄派军人即表示："对孙中山先生忠实拥护，但不愿与帮会合作，现即不入党，也不会另立门目，妨碍革命的进行，请居、覃将这层意思转陈孙先生。"

后来，拥护黄兴的一派人拒绝加入中华革命党，成立了奉黄兴为精神领袖的欧事研究会。

对于孙、黄两派的分家，当时的人们历来将其归咎于陈其美等人挑拨其间。

黄一欧说："二次革命失败后，中山先生与先君在组党问题上发生严重分歧，此中煽风点火的就是陈其美……"（《辛亥革命回忆录》七，第161页）

程潜说："讨袁失败之后，中山先生重赴日本，在东京将国民党撤销，改组为中华革命党，并亲自拟订了中华革命党总章。……但这个做法，却被一些革命党人误解，因此不愿加入中华革命党，这样就被一些阴谋分子所乘，在同志之间制造龃龉。"（尚明轩等编：《孙中山先生生平事业追

忆录》，第 59—60 页）

陈邵先也说："陈其美喜欢揽权，搞小宗派，对于党内的分裂，负有一定的责任。比如黄、孙之争，他不但不尽力调解，反而推波助澜。"（尚明轩等编：《孙中山先生生平事业追忆录》，第 271 页）

张继说："总理对克强本无芥蒂，克强亦欲辅总理，惟部下稍存门户之见。"（张继：《张溥泉先生回忆录》第 33 页）所谓"部下"，自然也包括陈其美在内。

梅培给孙中山的信中说："吾知此新章之不能改善，原非孙先生之把持，实中有三五人为之梗耳。"（《梅培上总理代黄兴请求中华革命党总章书》，台北《革命文献》第 45 辑）也同样暗指陈其美等人为调和之障碍。

章太炎说："英士等日夜怂恿孙公，杂集同盟会人及新附者为中华革命党，气甚盛，尤排摈克强。"（章炳麟：《太炎先生自订年谱》第 28 页）

以上几个人身份不同，但都一致认为陈其美应对孙、黄分家负责任。不过，著者以为，将孙、黄分家简单地归咎于陈其美的挑拨离间并不全面。从根本上讲，孙、黄的分家，乃是他们两人在一系列重大原则上的严重分歧一时无法弥合的结果。当然，陈其美、戴季陶、张继、何海鸣等人的激进派的言行也在一定程度上起了激化矛盾的作用，或者说无助于孙、黄矛盾的解决。

平心而论，无论是激进派，还是缓进派，当时都没有能够找到一条正确的革命道路。尽管有激进与缓进之分，在讨伐袁世凯、拥护共和这个大是大非问题上，并没有原则分歧。革命是一个艰难的过程，有时需要理智和冷静，但有时也需要冒险，两者相辅相成。后来的历史也已证明，无论是激进派，还是缓进派，在讨伐袁世凯的斗争中，各自发挥了自己的作用。因此，对于革命党人之间的这场争论，我们没有必要过于计较谁是谁非。

二、中华革命党总务部长

孙、黄分家后，孙中山在陈其美、居正、朱执信、田桐等人的协助下，加紧了中华革命党的筹建工作。

居正回忆当时的情景时说："（孙中山）下榻东京赤坂区灵甫坂头山满住宅。朝夕过从者即宫崎寅藏、犬养毅、寺尾亨、头山满等。头山满则每日杀鸡而食之。是时，总理精神焕发，如周公之思兼三，以思四事。本其二十年之学问、二十年之阅历，手草《中华革命党章程》，制定入党誓约，日召陈英士、田梓琴、范鸿仙等，更翻商议。严格规定入党党人立约宣誓，在姓名之下，印盖右手中指模。陈英士等极为赞成，竭诚拥护，分途介绍，因人宣传。"（居正：《中华革命党时和大连时代的回忆》，《革命文献》第5辑）

在筹建中华革命党过程中，陈其美负责组织工作。他抱着多病之躯，奔走于各地，多方动员亡命日本的革命党人服从孙中山，参加中华革命党。继1913年10月，陈其美、戴季陶等22人加入中华革命党后，1913年11月，邓铿等57人入党。12月，夏重民等113人入党。在国内，中华革命党也在上海和大连建立了两个据点。1913年10月，张人杰、蒋介石在上海入党。12月，陈德础等6人在大连入党。此外，在菲律宾的吴宗明、郑国梁与在美洲的谢英伯，以及林寿，也相继入党。到1914年4、5月间，加入中华革命党的党员已达四五百人。为此，孙中山很欣慰地说：吾党分崩之象悉已消灭。他指示陈其美、居正、胡汉民、田桐、杨庶堪、周应时等人成立筹备委员会，讨论组织机构、干部选举、党员大会等问题，为成立中华革命党总部作准备。

1914 年 5 月 16 日，孙中山委任陈其美、胡汉民、杨庶堪、居正、田桐等 10 余人为中华革命党筹备委员会委员。6 月 16 日，孙中山在《民国》杂志社召见陈其美、田桐、胡汉民、居正等商讨中华革命党干部人选，决定设总理、协理及各部部长。大家一致推举孙中山为总理，黄兴为协理，但黄兴因有意见不能确定。当天初步决定了各部部长人选：

总务部长　　陈其美

党务部长　　田桐

财政部长　　张人杰（现在法国巴黎）

军事部长　　柏文蔚

政事部长　　胡汉民

6 月 21 日下午，在《民国》杂志社召开了中华革命党党员大会，出席会议的党员有四十七八人。会上，陈其美代表孙中山对中华革命党总章逐条详细做了说明，并给各位介绍了初选中当选的各部部长。陈其美还唤起大会注意：今后各位的报告，交给有关的专任部长。

在一切筹备妥当后，7 月 8 日下午在东京筑地精养轩召开了中华革命党成立大会。此时加入中华革命党的党员已有 692 人，其中在东京加入者 548 人，上海加入者 113 人，大连加入者 17 人。参加当天成立大会的党员约有 205 人。在居正说明中华革命党总部的理由和今天召开"恳亲会"的宗旨后，孙中山在会上做了大约一个半小时的演讲，号召大家做好第三次革命的准备。会上，孙中山宣誓就任中华革命党总理，并由胡汉民主盟，陈其美、居正介绍，当众宣誓加盟，并自盖手印。

会上，还公布了孙中山手书的《中华革命党总章》，总章共三十九条，其最主要者有：本党以实行民权、民生两主义为宗旨，以扫除专制政治、建设完全民国为目的。本党进行秩序分作三时期，即军政、训政、宪政时期。规定：凡于革命军未起义之前进党者，名为首义党员；凡于革命军起义之后，革命政府成立以前进党者，名曰普通党员。革命成功之日，首义党员悉隶为元勋公民，得一切参政、执政之优先权利；协助党员得隶为有功公民，能得选举及被选权利；普通党员得隶为先进公民，享有选举权利。凡非党员在革命时期之内，不得有公民资格。必待宪法颁布之后，始能从宪法而获得之；宪法颁布以后，国民一律平等。

根据总章规定，总理之下设协理一人，协理原拟推黄兴，但因黄无意出任，孙中山提议曾任过都督的都可当选，也就是要从陈其美、胡汉民两人中选一人。陈、胡互相谦让，结果协理一职出缺。经过调整后的各部部长、副部长人选如下：

总务部长　　陈其美　副部长　谢　持

党务部长　　居　正　副部长　冯自由

军务部长　　许崇智　副部长　周应时

政治部长　　胡汉民　副部长　杨庶堪

财政部长　　张人杰　副部长　廖仲恺

总章规定，总务部的职责是：（一）总理部庶务；（二）接洽内地支部；（三）接洽海外支部；（四）制管公文符印；（五）交涉党外事宜；（六）办理不属他部之事。因为协理一职悬缺，孙中山又规定："总务部为各部之领袖，各部事应受其考成"。凡孙中山以总理名义发布命令或委任职员必须由总务部及有关部长副署。

陈其美除负责总务部事务，还一度代理财政部事务。财政部为中华革命党的理财机构，孙中山最初拟请在南洋筹款的邓泽如担任，邓以隔涉两地，辞而不就。孙中山提名张人杰，张只允"摆摆名字"，声明"一切公事，我都不管"。因此直到1915年2月，才正式组织财政部，在此之前，财务多由陈其美主持的总务部代理。

为了解决中华革命党的建军指导思想及一系列军事问题，孙中山在

1914年便开始编写《革命方略》。4月初，他把已写完的《革命方略》初稿，散发给党内核心人物逐条加以说明，征求他们的意见。从9月至11月，陈其美与胡汉民、许崇智、戴季陶、廖仲恺等人在孙中山主持下，先后召开了十七次会议，对《革命方略》进行逐章逐节的认真讨论。《革命方略》共六篇，其中对革命军的目的、服制、勋记、饷项；军政府的组织、军律、军法；举义前后之要务，攻取响应之要点，都做了具体规定。

二次革命失败后，孙中山片面地总结二次革命失败的原因，过分追究革命党人主观上的责任，导致革命党内部的裂痕。在组织中华革命党过程中，又不适宜地借用旧式会党的落后组织手段，使中华革命党染上了强烈的宗派主义色彩，这不仅表现为盲目地排斥异党，也表现在排斥了大多数昔日并肩战斗的革命党军事骨干。在中华革命党领导层中，勉强称得上军人的，只有陈其美、许崇智等少数几个人，其余都是纤弱文人。一个缺乏革命军人的政党，岂能指望它去领导推翻一个反动政权？有学者指出，中华革命党实际上已成为一个狭隘、封闭的小团体组织，这样的政党脱离人民，脱离了其阶级基础，结果把自己孤立于群众之外，而将革命的胜利完全寄托在孤注一掷的军事冒险行动之上，这就注定了中华革命党在未来的政治斗争中不可能有多大作为。

中华革命党广东支部长何天炯就曾颇有预见地指出："且康（有为）之所图，范围颇广，比之神样，实有天渊之别。弟恐第三次革命成功，竟在官僚之手，果尔，则自称神样者，将变为泥菩萨，无人番花养矣。有神样之顽迷，致使同志四分五裂，为官僚所轻视，乃出自树讨贼之旗，虽目的甚同，而吾党将来不能在政治上独占优势，推原祸始，陈英士等实不能辞其咎也。"（"神样"，系日语，意为神仙、上帝。何天炯与日人宫崎滔天等不满意孙中山神化党魁的作用，在通信中以此词代指孙中山。转引自杨天石：《寻求历史的谜底》，第405页）

陈其美遇难后，何天炯写了一副挽联："意见苦难融，道义无伤原不愧。人天真远隔，恩仇未报欲何如。"依然没有回避他与陈其美在中华革命党问题上的分歧。

三、赴大连考察东北形势

孙中山一面筹建中华革命党，一面酝酿武装讨袁活动。

1914年1月初，孙中山召集陈其美、戴季陶等人商议回国策动起事的军事计划。鉴于当前的形势，陈其美向孙中山建议：暂时避开政府军势力雄厚的东南地区，先从政府军力量相对薄弱的东北地区建立革命基础。陈其美对孙中山说："辛亥癸丑二役，皆不能贯彻革命党主旨，实行三民主义者，以东北各省之革命运动根基薄弱，不能直捣北京，以扫专制恶魔之巢穴。自今以往，如仍偏重南方，而于北方不稍加之意，是犹覆其辙而不自悟也。且袁军密布于东南，防范压制，不遗余力，如不度势量力，固执进行，是无异于邹与楚敌也。其不成也必矣！故谋第三次革命，当于东北数省培植革命根基，以为大规模之运动。"

陈其美的建议为孙中山所采纳。孙中山又把东北工作的重点放在大连。因为大连属于日本管辖的殖民地，孙中山希望日本方面与革命党人合作，并保护革命党人的安全。当时，潜伏在大连受日本人庇护的除了革命党人，还有前清肃亲王领导的宗社党人。革命党人有两百多人，他们分为三派，即宁梦岩派（首领为陈其美）、刘艺舟派（首领为何海鸣）、邱丕振派（山东派）。开始时，三派互不统属，且相互排斥。后来他们认识到这种状况不利于革命，大约在1913年底，以陈其美的名义成立了一个总部，从事反袁的准备工作。但是这么多革命党人流亡大连一隅，缺衣少食，行动经费更是说不上。他们希望孙中山和陈其美能给他们提供经费。孙中山曾经通过吴大洲给他们送过 1500 元，但杯水车薪，无济于事。

当时刘艺舟派已经在大连等地活动政府军、土匪，并与宗社党合作，策划第三次革命。据日本警察厅的密报记载：这次传闻中的第三次革命，"将以大连为据点，在奉天附近举起革命大旗。同时在各省起义，一齐压向袁（世凯）政府。"为该计划斡旋之日本人，大连有金子克己，东京有山田纯三郎，长崎有野中右一等，他们似乎经常与金子取得联系。他们一再打电报，或派人到东京，要求孙中山派人去大连指导工作。于是，孙中山决定应东北革命党人之请，派遣陈其美、戴季陶与日本人山田纯太郎前往大连指导工作。

1914 年 1 月 19 日，陈其美等 3 人离开东京，于 26 日下午 1 时乘坐日轮"台中丸"抵达大连。为避人耳目，陈其美化名朱志新，戴天仇化名木村藤吉。因陈其美在路上染上了肺病，到大连后即住进了日本人开设的满铁医院。陈其美一面治病，一面与戴季陶调查东北地区革命党人的情况。陈其美等人的计划是：在大连设立机关，以吉林、奉天、黑龙江三省为主点，外与东京总部及各省革命党联络，聚集力量，运动军队，等待时机成熟，关外一动，南京继之，而江北、山东同时并起。

然而，陈其美等人在东北的活动并不顺利。陈其美等人到达东北不久，即被吉林护军使孟恩远所探知。他立即密报袁世凯说："陈其美、戴天仇、宁秉然、谢宝轩共同谋乱，扰害治安。"袁世凯得报后，立即严令各省都督、民政长"严密查缉，勿令煽乱"。袁世凯政府并与日本政府交涉，"以陈其美有刺杀商务印书馆经理人夏粹芳等嫌疑，要求引渡到案。"张作霖则奉命向满铁副总裁伊藤大八秘密表示："大总统有命令，不论用任何手段，都得要将陈其美逮捕。"

在袁世凯政府的压力下，日本关东都督府对陈其美等革命党人的态度发生了变化，对革命党人的行动百般干涉，甚至下令逐客。1914 年 2 月 4 日，陈其美写信给周淡游，信中说："此间事外交干涉日紧，前者所称可以商酌之关东（军）都督，已受袁氏笼络矣。不但拒不见面，且已命其部属将下逐客令矣。看来难望有为也。奈何！"

孙中山了解到东北的实际情况后，当即密电陈其美暂缓进行，并告以："在南方的广东、云南、广西等省尚未足备实力之际，满洲暂不着手进行。如目前在满洲轻率举事反而造成不利局面，并有给日本带来麻烦之虞，故切忌轻举妄动，待时机到来后再断然实行之。"

陈其美奉令后，当即指示东北革命党人暂时不要轻举妄动，俟南方准备就绪后，再南北呼应，起兵举事。

陈其美见东北一时难以打开局面，便将东北讨袁工作交付刘纯一负责，山东讨袁工作交付刘大同负责，并交给刘大同短枪 40 支，命其回山东组织队伍。

3 月 15 日，陈其美偕戴季陶、山田纯三郎搭乘"台南丸"离开大连，于 19 日抵达东京。

就在陈其美等离开大连的次日，奉天革命党人孙祥夫、刘艺舟、马明运设在大连的机关遭到破坏，马明运被捕牺牲。

四、订盟约，对日存幻想

中华革命党成立后，不久即爆发了第一次世界大战。

第一次世界大战是帝国主义列强重新瓜分世界的战争，主战场在欧洲。欧洲列强相互厮杀，无暇顾及东方。而袁世凯的后台是英美列强，第一次世界大战一爆发，袁世凯顿时失去了后台靠山。对此，孙中山极为兴奋，他对日本人犬养毅说："刻下欧洲战乱确为中国革命之空前绝后之良机。据最近对中国内地以至南洋及美国等地之形势调查，革命声势愈加高涨。

相信此时乃举旗之大好时机，遂决定起兵举事，目前正在准备之中。"

陈其美赞同孙中山对形势的分析，他发表谈话说："余相信刻下欧战乃中国第三次革命之绝好时机，然而革命并非易事，更不容易轻举妄动，必须周密考虑，审时度势。我等革命党人刻下已大体完成第三次革命之作战计划，约百名在京同志返回国内，何时举兵唯欧战形势如何而定。余等党员目前正在观望形势，如德国势成败局，即为我中国各省革命起义之时。"

8月28日，孙中山与丁仁杰、周应时、戴季陶、陆惠生等人来到陈其美所住的东京赤坂区高桥医院，商讨今后的行动方针，决定倾全力经营江苏、浙江与广东三省，并派"邓铿图粤，夏之麒图浙，复灵兄弟图宁，互为犄角，策划决定"。为了便于统一指挥，还决定在上海设立总部，派蒋介石和陆惠生前往筹办。同时派遣大批党员回国，运动军队，筹备讨袁。至8月下旬，从日本东京、大阪和长崎等地先后回国的革命党人有300多人。

孙中山希望日本政府在外交、军事及财政上支持他发动的第三次革命。为此，孙中山带领陈其美、戴季陶等亲自走访了日本朝野领袖犬养毅（日本国民党领袖）、头山满（日本浪人首领）、坂垣退助（日本自由党和立宪政友会创始人）等，希望他们出面说服日本政府支持中国革命党人搞第三次革命。但此时的日本正利用第一次世界大战西方列强无暇东顾之机，向德国宣战，并趁机出兵中国山东，夺取了德国在山东的势力范围，日本政府正在向袁世凯政府施加压力，图谋获得更多的侵略利益，因此日本政府决定暂时不支持孙中山及其革命计划。

当时，孙中山甚至提出：宁肯答应日本人的任何条件，也希望日本提供军资贷款。但日本基于能从执政的袁世凯那里获得更多的好处，对于在野的孙中山提出的难以兑现的条件不予理睬。因此，孙中山无法从日本政府那里得到一文贷款。

不仅如此，日本政府还多方压制孙中山及其革命党人的活动。为此，陈其美很愤怒地发表谈话指责日本政府："（日本政府）在欧战后持非常之压迫主义，其实例不胜枚举。对属于政治犯的流亡者，本应在一定范围内予以保护，此为国际公法所公认。然而日本政府无视国际法，对我等同志实行压制，现却欲援袁，此甚为不当。"

第一次世界大战爆发后，欧洲列强因忙于厮杀而无暇顾及远东。日本大隈内阁认为这是日本推行"大陆政策"的千载难逢的机会，加紧了侵华步伐。

继1914年9月日本出兵山东，夺取原德国在山东半岛的势力范围后，日本又得寸进尺，于1915年1月18日直接向袁世凯提出了由日本独霸中国的"二十一条"。日本公使日置益打破外交惯例，直接面见袁世凯递交"二十一条"，并且威胁说：今次如能承允所提条件，则可证明日华亲善，日本政府对袁总统亦可遇事相助。日置益要求袁世凯绝对保密，尽速答复。

日本提出"二十一条"，其目的在于把中国变为日本的独占殖民地，消息一经传出后，震惊了全世界。流亡在日本的中国革命党人对此则非常矛盾，一方面他们反对日本侵华和袁世凯的卖国；但他们身居日本，又迫切希望日本支持他们的革命事业，因此不敢过于激烈地反对日本。在这种背景下，陈其美出面发表了一通自相矛盾的谈话："日华交涉问题，单就国家而言虽不得不反对，但从现今世界大势观察，则不值得反对。吾今日以流亡之身，对此问题尚不知其内容，但相信无助于和平。"

事实上，孙中山从一开始就对日本政府寄予很大希望，希望借助日本的力量反对袁世凯。从1914年5月11日孙中山致日本首相兼内务大臣大隈重信的信可见一斑：

　　窃谓今日日本，宜助支那革新，以救东亚危局，而支那之报酬，则开放全国市场，以惠日本工商。此中相需至殷，相成至大。如见于实行，则日本固可一跃而跻英国现有之地位，为世界之首雄，支那亦以之而得保全领土，广辟利源，为大陆之富国。从此辅车相依，以维持世界之和平，增益人道之进化。此诚千古未有之奇功，毕世至大之伟业也。机会已熟，时哉勿失。

对于孙中山的呼吁，日本政府做出了什么样的回应，目前还很不清楚。有材料显示，1915 年 2 月 5 日，陈其美、孙中山还与日方代表、前满铁株式会社理事犬冢信太郎和满铁社员山田纯太郎草签了一份《中日盟约》，中、日文一式两份。中文标《中日盟约》，日文标《日中盟约》。中文原文如下：

中华及日本因为维持东亚永远之福利，两国宜相提携而定左之盟约。

第一条 中日两国既相提携，而他外国之对于东亚重要外交事件，则两国宜互先通知协定。

第二条 为便于中日协同作战，中华所用之海陆军兵器、弹药、兵具等宜用与日本同式。

第三条 与前项同一之目的，若中华海陆军聘用外国人时，宜主用日本军人。

第四条 使中日政治上提携之确实，中华政府及地方公署若聘用外国人时，宜主用日本人。

第五条 相期中日经济上之协同发达，宜设中日银行及其支部于中日之重要都市。

第六条 与前项同一之日（目）的，中华经营矿山铁路及沿岸航路，若要外国资本或合办之必要时，可先商日本，若日本不能应办，可商他外国。

第七条　日本须与中华改良弊政上之必要援助，且速使之成功。

第八条　日本须助中华之改良内政，整顿军备，建设健全之国家。

第九条　日本须赞助中华之改正条约，关税独立及撤废领事裁判权等事业。

第十条　属于前各项范围内之约定而未经两国外交当局者或本盟约记名两国人者之认诺，不得与他者缔结。

第十一条　本盟约自调印之日起，拾年间为有效，依两国之希望更得延期。（陈锡祺主编：《孙中山年谱长编》上册，第934—935页）

上述盟约在当年3月出版的《民族评论》即披露了出来，引起欧事研究会成员的不满。1915年2月15日发行的上海《正谊》杂志第7号即刊登了林虎、熊克武、程潜、李根源等致各报馆函，该函除表明他们停止革命、一致对外的政治主张外，并且不指名地批评孙中山、陈其美等："然借异虐同之举，引狼拒虎之谋，前为天良所不容，后为智计所不许。"（陈锡祺主编：《孙中山年谱长编》上册，第935页）

然而孙中山、陈其美等人在当时并没有意识到这是一种严重的政治错误。1915年末或1916年初，孙中山与日本陆军参谋部总长上原勇做密谈时，孙中山提出了更大胆的设想。孙中山对上原勇作说："为了立即打倒专制横暴的袁世凯，确立全体国民所支持的革命新政府，收到中日结合的实际效果，希望日本至少以预备役将兵和武器编成三个师团，支持中国革命军。"

根据日文资料记载，孙中山当时说："日本人口年年增多，东北三省的辽阔原野适于开拓。日本本土资源贫乏，而满洲，则毋庸讳言，实有重要的资源，日本瞩目斯土，乃当然之国策。对此，我等中华革命党员能予充分谅解，故可以满洲作为日本的特殊地区，承认日本移民和开拓的优先权。"

1915 年，孙中山与陈其美等在日本合影

在日本，虽然也有少数人对中国革命党人表示过"同情"和"支持"，但那不是日本对华政策的主流。从根本上讲，日本对华政策是侵略性的，他们不会希望中国建立一个强大的统一的资产阶级共和国，他们希望中国永远是一个四分五裂、软弱无能的国家，以利于日本在东亚的"霸权"地位。在时机成熟时，日本的最后目标就是将中国置于日本的殖民统治之下。故此，陈其美、孙中山等人始终将革命胜利的希望寄托在日本政府的支持上，注定只能是一种不切实际的幻想。

五、致书黄兴，期盼合作

孙中山等人迫切希望利用中日"二十一条"交涉所造成的时机，掀起第三次革命。

革命党人估计，"二十一条"交涉只能有两种可能的结果：第一，袁世凯政府拒绝"二十一条"，日本为达到目的，必将以武力推翻袁政府。第二，袁世凯接受"二十一条"，必将激怒国人，引起全国上下的反袁怒潮。若出现前一种结果，革命党人应准备"随时起来，不可蹰躇"。若是后一种结果，则"中国人心必将更加反对政府。因此，乘机趋势，作为政治策略，一面非难日本之要求，一面极力攻击袁政府此次之措施，大力鼓吹反袁，使中国人心更加激烈。同时，努力怀柔民心，待时机成熟后，再举旗起事"。

为了增强革命党人的力量，孙中山有意召回在美国的黄兴。

早在 1914 年夏间，曾接近黄兴的宫崎滔天、萱野长知等日本人就想请回黄兴，但黄兴似乎没有回应。于是，萱野、宫崎与王统等商议后，决定请孙中山出面召回黄兴。他们将此意通过陈其美转达给孙中山。孙中山答复说："流亡者之有今日，并非黄兴参与而才有力量，我意是无召回黄之必要，但可征求犬养毅意见。"陈其美于 8 月 21 日访犬养毅征求意见，犬养毅说："不妨召回黄兴。"陈其美将此意转告孙中山，孙却说："此事暂可搁置不理。"

中日"二十一条"交涉开始后，民族矛盾上升为主要矛盾。中国国内的各派政治势力，在政见上虽有分歧，但在反对日本灭亡中国的"二十一条"上则是一致的，这就为国内各派政治势力的联合提供了基础。孙中山为了积蓄革命力量，及时做了联络各派政治势力的工作。

1915 年 2 月 4 日，在孙中山的授意下，陈其美写了一封长达 4000 余言的信寄给了旅居美国的黄兴。陈其美在信中以很长的篇幅罗列了黄兴及其他革命党人在辛亥革命后至二次革命失败期间"有负于中山先生"的五个方面，这就提出了黄兴的领导责任问题。

近年来，虽也有很多学者为黄兴辩护。但笔者认为，辛亥革命失败得如此之快，如此之彻底，黄兴作为南京临时政府时代的实际领袖，（孙中山虽贵为南京临时政府大总统，但没有掌握实权。张继回忆说："总理在临时总统任内，诸事由克强作主。总理毫未改本来面目。群众开会时，总理偶参加，仅坐会场前列，并未特置台上座位。而诸同志仍呼为先生，甚少呼大总统者。气度使然，并非有人教之也。一般趋炎附势概称克强为克老。吾以为真正了解共和，只先生一人而已。"见丘权政等选编：《辛亥革命史料选辑》续编，第285页。孙中山自己也说："即如南京政府之际，弟忝为总统，乃同木偶，一切皆不由弟主张。"见《孙中山全集》第3卷，第82页。）确实负有不可推卸的领导责任。

黄兴最大的问题就在于对袁世凯的错误认识及不合时宜的"功成身退"思想。

身为资产阶级革命党人的实际领导者，黄兴从一开始就定下了只要袁世凯反清，就推他为中华民国总统的调子。黄兴仅以推倒清政府为满足，而对于推倒清政府后，要不要由革命党人自己来掌握革命政权这个核心问题，他却做出了不合时宜的、弄错了对象的"功成身退"的选择，拱手将政权交给以袁世凯为代表的旧军阀、旧官僚势力。继交出政权后，黄兴在任南京留守期间，又匆忙地遣散革命军队，一误再误，都是源于那种不合时宜的、错误的"功成身退"思想。

对袁世凯认识错误的当然不只黄兴一人，鼓吹"革命军起，革命党消"的章太炎以及为袁世凯金钱收买充当内奸的汪精卫等勿论矣，即以身任南京临时政府教育部长的蔡元培来说，也比黄兴更加信任袁世凯。蒋维乔在回忆录中讲了这么一个关于蔡元培鲜为人知的故事。他说："当元年二月初，南京政府将统一未统一之时，南京政府与袁世凯争持之焦点，为陆军总长一职。袁世凯提出段祺瑞，南京政府则提出黄兴，彼此不肯让步。而南京政府中老成谋国者如蔡子民等则主张让步，以促成南北统一，激烈者反（对）之。是时总统府几于无日不开阁议，恒自早至暮不辍。子民先生晨出暮归，非至晚间不得与之见面。而驻宁一部分之赣军有不稳消息，风鹤频惊，部员请假回里。余之亲同乡某某诸君，亦劝余暂避。余答谢曰：'蔡子民先生以全部之事托我，何可见危而去。'于是部员无形星散，只剩余与会计二人，合子民先生而为之，回复初次开部时之情状。而子民先生终日在总统府会议，尚未之知也。一夕，子民先生归，面有愠色，余问曰：'先生向无疾言遽色，今若此，何欤？'先生曰：'黄兴这小子不顾大局，只知争陆军总长，致南北不能统一，余今夕将乘夜车赴沪，将彼等争权状况遍登各报以宣布之。'余曰：'不可。黄兴争权固不合，然先生应顾南政府全局，倘有此举动，是予袁世凯以柄，而表示南政府之裂痕也，窃期期以为不可。'先生怫然曰：'余必为之。'即收拾行李。将行，余此时无奈，乃急告之曰：'先生盍一观部中现状？'先生闻言，乃巡视室内一周，回顾余曰：'部员均已他往耶？'余曰：'然，皆请假以去耳。'先生曰：'何故全体请假？'余曰：'近来兵变谣传甚烈，故同人次第请假回里耳。先生若于此时赴沪，外间不察，亦必谓先生畏死而逃命矣。请即行，余固无权强留先生也。'先生矍然曰：'然则余不去矣。'颜色旋霁，遂闲谈至半夜，亦未作文登报。厥后黄兴亦肯退让；卒以陆军总长段祺瑞，而南北遂以二月十二日宣告统一。此亦学制起草中之一段逸话，外人所不得知也。"（丘权政、杜春和选编：《辛亥革命史料选辑》下册，第303-304页）由此看来，对袁世凯的认识错误属于一种集体错误，毋怪于哪一个人！

对此，邹鲁后来说："这种谦让举动，是功是罪，却很难断言的。"（邹鲁：《回顾录》，第39页）

谭人凤痛心地说："吾人经营革命十余年，掷无数头颅，流无量颈血，博换共和，本应成始成终，求圆满之结果。乃孙、黄放弃责任，一让总统，一辞留守，博功成身退之虚名，致令政变频乘，扰攘至今，而不能底定，不得谓非一大恨事也。"（石芳勤编：《谭人凤集》，第399页）

作为个人来讲，黄兴的品格和政治作风是无可非议的，他一生信奉"笃实""无我"，为人敦厚，休休有容，不争权夺利，顾全大局等等，这都是正人君子的高尚品格。章士钊说：

　　吾弱冠涉世，交友遍天下，认为最难交者有三人：一陈独秀；一章太炎；一李根源。但吾与三人都保持始终，从无诟谇。吾答或问：吾恃以论交之唯一武器，在"无争"二字，然持此以御克强，则顿失凭依，手无寸铁。何以言之？我以无争往，而彼之无争尤先于我，大于我。且彼无争之外，尤一切任劳怨而不辞，而我无有也。由是我之一生，凡与克强有涉之大小事故，都在对方涵盖孕育之中，浑然不觉。因而我敢论定：天下最易交之友，莫如黄克强。又克强盛德大量，固不独对吾为然也，凡视天下之人，罔不如是。视天下之人且如是，何况首领？于是吾又敢论定：人若以克强不服中山相龃龉者，克强有灵，必且惶恐退避，而不作一语，使言者在克强之前，化为渺小无物，不知所裁。又曰：克强平居自励之语，为"事苟有济，成之者何必在我。"复举董江都之训诫，"正其谊不谋其利，明共道不计其功。"此类语词，吾于昔年宴座谈言之顷，频频闻之。凡此皆先生砥砺自得，深信不疑之辞，与泛泛以口头禅欺人者异趣。先生辞南京留守日，吾在《民立报》撰文送之，讼言美德，昭示后昆，即胪举上列二训，以为金玉之式。今忽包五十年矣，巨人长德，历久弥昭；后死者谁，诟尤与积。噫嘻先生，爱而不见，搔首踟蹰，求其友声，还勖故我。（《辛亥革命回忆录》第 2 辑，第 149 页）

沈亦云也说：

　　克强……书法健美，而文亦谦厚如其人。（《亦云回忆》上册，

第 121 页）

但作为一代开国领袖，黄兴的个性、气质甚至学识等均略显不足。

谭人凤说："克强雄而不英，钝初英而不雄。"（石芳勤编：《谭人凤集》，第 376 页）

胡汉民说："克强以三月廿九之役及汉阳督师，声名洋溢于党内外；顾性素谨厚，而乏远大之识，又未尝治经济政治之学，骤与立宪派人遇，即歉然自以为不如。还视同党，尤觉暴烈者之只堪破坏，难与建设。其为进步欤？抑退步欤？克强不自知也。即引进张（謇）、汤（化龙）为收缙绅之望，杨度、汤化龙、林长民等，方有反革命嫌疑，亦受克强庇护，而克强之政见，亦日以右倾。"（胡汉民：《胡汉民自传》，《近代史资料》第 45 号，第 57 页）

谭人凤、胡汉民的话自有其道理。辛亥后的黄兴，其进取心和企图心均显得不足。无怪谭人凤说："黄克强自辛亥春广州失败后，前后判若两人。其于民国成立以来，实无一事差强人意，迄此次（著者按：指二次革命）则信用扫地尽矣。"（石芳勤编：《谭人凤集》，第 422 页）

当然，话说回来，如果将辛亥革命失败的原因仅仅归咎于黄兴个人，那也是非常片面的。辛亥革命失败的原因很多，史学界已做了很多研究，这里不重复。但不管怎么说，黄兴作为革命党人的实际领袖，他对于辛亥革命的失败理应负有一定的领导责任。

现在重新回到陈其美致黄兴的信上来。孙中山、陈其美在信中不是追究黄兴在南京临时政府时代的错误，而是着重追究黄兴在"二次革命"中的错误。孙中山认为："第二次（革命）之失败，全在不听我之号令耳！"

笔者以为，这又是毫无道理的。因为到"二次革命"之时，革命党人大错已经铸成，谁也无法挽回失败的局面。孙中山最引为得意的两个策略：

一是"联日"，二是"速战"。"联日"只不过是他一厢情愿的幻觉。而"速战"问题，正如学者所指出的：从军事上说，速战是根本做不到的。

陈其美致黄兴信的主旨，是要黄兴服从孙中山的领袖权威。革命需要有权威的领袖，这在原则上并没有错误。孙中山要求树立他的领袖权威，在原则上也是合理的。但根据无产阶级政党的成功经验，领袖不应当是个人，而是领导集体。孙中山固然是伟大的思想家、爱国者，但作为领导实际政治斗争的政治家，他并不是那种具有雄才大略的、理想的政治领袖，他的缺点和不足甚多。正因为孙中山的种种不足，才有辛亥革命时期"双元领袖"的说法，所谓"孙氏理想、黄氏实行"是对历史的真实描述。"二次革命"失败后，与黄兴一样，孙中山同样也没有找到一条正确的革命道路，并提出一套长远的、一贯坚持的正确的路线策略，离开了自己的阶级基础，在既没有地盘，也没有军队、资金等的情况下，孙中山一味地寄希望于单纯的军事冒险。这样的路线策略，在黄兴等人的心目中既无权威性可言，而且他们也坚决反对这种飞蛾扑火式的单纯军事冒险。

陈其美在信中重申了革命党人服从孙中山的重要性，并劝黄兴服从孙中山领导，共同肩负反袁的重任。信中说："故中山先生于此欲相率同志，纳于轨物，庶以统一事权。非强制同志，尸厥官肢，尽失自由行动，美以为此后革命欲达目的，当重视中山先生主张，必如众星之拱北辰，而后星躔不乱其度数；必如江汉之宗东海，而后流派不至于分歧；悬目的以为之赴，而视力乃不分；有指车以示之方，而航程得其向。不然，苟有党员，如吾人昔日之反对中山先生者，以反对于将来，则中山先生之政见，又将误于毫厘千里之差，一国三公之手。故遵守誓约，服从命令，美认为当然天职，而绝无疑义者，足下其许为同志，而降心相从否耶？窃维美与足下共负大局安危之责，实为多年患难之交，意见稍或差池，宗旨务求一贯。惟以情暌地隔，传闻不无异词。缓急进行，举动辄多误会。相析疑义，道故班荆，

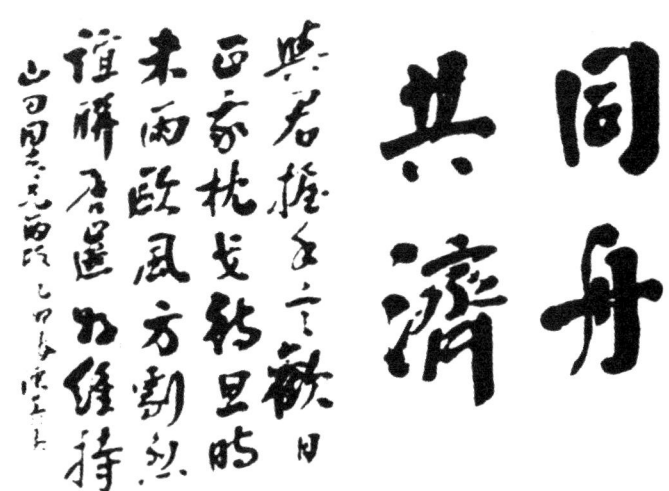

陈其美赠山田手迹

望足下之重来，有如望岁。迢迢水阔，怀人思长，嘤嘤鸟鸣，求友声切。务祈足下克日命驾言旋，共肩艰巨。岁寒松柏，至老弥坚。天丰云霞，索情独苦。阴霾四塞，相期携手同仇。沧海横流，端赖和衷共济。于乎，长蛇封豕，列强方逞荐食之谋，社鼠城狐，内贼愈肆穿塽之技，飘摇予室，绸缪不忘未雨之思，邪许同舟，慷慨击中流之楫。望风怀想，不尽依依，敬掬微忱，端求指示，寒气尚重，诸位为国珍摄，言不罄意！"

这封信，虽然是以陈其美的名义发出的，但这封信无疑也体现了孙中山的意思。

对于这封信，人们历来有不同的评价。近来有学者指出，陈其美并没有推卸自己在"二次革命"中的错误，既批评了黄兴，也做了诚恳的自责，愿意共同承担责任，这是实事求是的态度。陈其美不是挑拨孙、黄关系，而是盼望他们"携手同仇"。至于陈其美信中认为黄兴和他自己有负孙中山、有负革命的诸多论述，并不全面，也不准确，还有学者指出，陈其美致黄兴函的主旨，是要黄兴以革命的最高利益为重，服从孙中山的领袖权威，陈其美的目的在树立孙中山的权威地位。革命需要权威，但权威的建立是一个复杂的过程，它需要群众基础，需要有成功的实绩。而当时孙中山的路线策略在黄兴的心目中并无权威性，他反对孙中山从提倡民主自由转向权威主义。至于陈其美在信中说："中山先生之智识，遇事烛照无遗，先机洞若观火。"这样的话未免离事实太远。陈其美企图以简单的方式来树立孙中山的权威地位，也是不可能成功的。

此时，黄兴、孙中山和陈其美在反袁策略上的重大分歧，一时还难以弥合。

平心而论，无论是孙中山，还是黄兴，都没有能够找到一条正确的革命道路，黄兴反对孙中山的单纯军事冒险举动也确有其合情合理的理由。总之，中国资产阶级不能领导革命取得胜利，领导中国革命走向胜利的责任，历史地落到了无产阶级身上。正因为如此，孙中山、黄兴只能以中国民主革命先驱者的地位定格在史册上。

黄兴一派的革命党人认为，中日"二十一条"交涉开始后，民族矛盾开始激化，他们主张"先国家后政治，先政治后党派"。

2月25日，黄兴与陈炯明、柏文蔚、钮永建、李烈钧等联名发表通电，一面谴责袁世凯专制独裁，但同时他们也声明，他们不准备借用外力来反对袁世凯政府。

黄兴等人的政见通电，立即遭到在日本的中华革命党人的激烈反对。东京《民国》杂志指责黄兴等人"投降""屈膝"。更有一批署名"铁汉""李直壮""尚气节""钟廉耻""史不屈"的"真革命党员"发表言辞激烈的反黄传单，对黄进行猛烈抨击，传单称："黄克强君自癸丑失败，遁逃日本以后，即志灰气惰，谓民党不能更以武力从事，宜从政治活动，以冀渐握政权。怯惺军人，热衷政客，附和其说。熊希龄组织内阁之际，黄派日夜期望保皇妖党，得与袁贼抗衡，而己则居中斡旋，冀博彼党之欢，而分一杯之惠。《甲寅》杂志丑诋民党，贡媚熊、梁，实黄君授之意旨，章（士钊）、胡（瑛）承其鼻息，迂谬之情，早为识者所窃笑。迨乎熊、梁失势，彼等且自悟袁贼之凶顽，而黄派昏迷，迄未知政治之绝望。"

1915 年 3 月，孙中山见黄兴对陈其美的信置而不答，便亲自写了一封信给黄兴。信中深情地说："二十年间，文与公奔走海外，流离播迁，同气之应，匪伊朝夕。癸丑之不利，非战之罪也。且世之所谓英雄者，不以挫抑而灰心，不以失败而退却。广州萍醴几经危难，以公未尝一变厥志者，岂必至今日而反退缩不前乎？中国当此外患侵逼、内政紊乱之秋，正我辈奋戈饮弹，碎肉喋血之时。公革命之健者，正宜同心一致，乘机以起。若公以徘徊为知机，以观望为识时，以缓进为稳健，以万全为商榷，则文虽至愚，不知其可。临纸神驰，祈公即日言旋，慎勿以文为孟浪而菲薄之，斯则革命前途之幸也。"

接连收到陈其美、孙中山的来信，黄兴的心情也颇不平静。5 月中下旬，黄兴复函孙中山，对陈其美与孙中山来函作了一个总的答复。黄兴在信中仍然主张革命党人卧薪尝胆，不要孟浪反袁。由此看来，黄兴与孙中山、陈其美之间的政见分歧一时尚难以弥合。孙中山、陈其美也就不得不暂时放弃争取黄兴等一道战斗的打算。

第七章
"遄失长城"

重返上海，建立反袁据点

诛杀郑汝成，振奋党人心

肇和舰起义，义军之先导

事过境迁，辛亥奇迹不再

为共和捐躯，喋血浦江畔

魂归故里，长眠岘山之阳

一、重返上海，建立反袁据点

1915年2月下旬，陈其美由日本返回上海，主持长江方面的讨袁行动。

蒋介石自称，当陈其美回国时，他曾送至横滨。当时陈其美对蒋表示：决心牺牲一己，以争取革命成功。蒋介石当即回答："兄此去万一不幸，为袁氏所害，我当做兄的第二化身，以完成兄的未竟之志！"两人自此挥泪告别。

当时的上海及东南地区是袁世凯防范革命党人的重点地区。袁世凯不仅在此部署了重兵，而且密布侦探，侦查革命党人的行动。陈其美回到上海后，由于袁党监视严密，行动相当困难。经与几位革命党人商议后，认为江浙及海军方面可照原计划进行；上海方面，接受吴忠信的意见，以渐进为基本方针。并且认为："非假以三月之长限，万金之用费，不能确有把握。"但要筹集到万金，又谈何容易？为此，陈其美冥思苦想，焦急异常。

不久，又传来筹安会出笼的消息，袁世凯称帝的野心昭然若揭。1915年5月20日，陈其美致函郑螺生、李源水等，表明了冒死推翻袁世凯政府的决心，并希望李、郑等加紧筹款，以作后援。

在此期间，陈其美还在上海租界创办了《五七报》，反对袁世凯帝制自为。《五七报》经理施方白在《中华革命党时期见闻录》一文中回忆说：

"这张《五七报》是本党讨袁失败以后，在上海或是全国第一张出世之党报也。《五七报》于民国四年五月二十日出版。编辑是设在法租界宝昌路（后改霞飞路，今名淮海中路）贝勒路口的一间小楼上。予任经理，特约撰稿者十余人。《五七报》之篇幅为四开，初印两千张，后加印至五千张，依然片刻售罄。惜当时被禁不准邮寄，否则，其销数必大有可观。报面定价售铜圆两枚，批发价减半。如遇载有重要消息，或有名人论文或谈话的那天，往往由报贩增价至每张售小洋一角，甚至二角。同时，上海有一张袁家机关报曰《大共和日报》，日出对开两张。执笔者为李涵秋、张丹斧辈。李、张的文字是有相当功夫的。报价也只售铜圆两枚。据报头老王说：'《大共和日报》在望平街销数最少。每晨早市，未有满百份者。'《大共和日报》因太不令人欢迎，且'大共和'三字不合袁党之胃口，所以先袁世凯半年死。当时上海市民之反对袁党，同情本党，可见一斑。《五七报》是由公馆马路华商印刷所代印，每日排工四元，印工每令纸两元。每日售报收入平均十五元左右，再由英士先生每月津贴壹百元，日常开支，已绰绰有余。因为除了送稿、买纸、取纸的工友一人取薄酬以外，任何人不取分文的缘故。"

陈其美还秘密组织了"铁光锐进社"，以"推翻袁贼实行暗杀，改组日支合并政体，达到完全共和民国为目的"。该社负责成员如下：

社　　长　　陈其美

副社长　　黄郛

财务部长　　野江（日本人）

军务部长　　曾尚武

联合部长　　凌铁安

暗杀部长　　张孟介

文牍部长　　伏云臣

庶务部长　　李铁舟

该社入会十分严格，无论何人须有社员五人以上之介绍才可以加入。该社由日本民党野江提供日金50万元充作经费。所有社员分成两团：一为扰乱团，二为暗杀团。扰乱团团员一经承认地点，即授给秘密电本印证，带款出发前往目的地点，联络退伍军警及当地会党成员，并运动驻扎军队乘机起事，其应用物品则由该社派人于目的地相近之各小口岸设法进入接济；扰乱地点，北五省先从山东及奉天入手，南五省以南京为发难地，俾便扼定长江流域。暗杀团则分为十组，每组50人，各设组长一人，督察团员之进行录记功过，倘团员一击成功，即由各组长报告社长，转咨财政部抚恤其家属。而暗杀分甲、乙、丙、丁、戊五等，如杀甲等每名三千元，授官少将；乙等二千元，授官上校；丙等一千元，授官中校；丁等五百元，授官少校；戊等二百元，不授官。而实行暗杀以联络各机关亲信用人为入手办法，但必须镇定、秘密，如有见利忘义为人所用者，处以死刑。

1915年夏末，孙中山在东京召集中华革命党务部部长及高级干部会议，决定设立中华革命东南军、东北军、西南军、西北军四个总司令部；以陈其美为东南军总司令，主持东南军事；在上海设立筹备处。

然而，陈其美在江浙一带活动半年，其所拟的江浙并举计划一直未能付诸实施，究其原因，主要有两点：第一，由于袁世凯政府军队调动调换频繁，革命党对某一军队活动方有头绪，即已被他调，往往功亏一篑。遇到新军队，又须重新着手。第二，由于经费极端困难，致使人心士气低落。孙中山曾估计在江浙举事，非有十万金不济。陈其美为了筹措经费，不断致函海外支部，捐款救国。为了募款，陈其美亲访富豪李煜堂，然李无意于讨袁，拒不见面。而中华革命党东京本部，只能援助小额款项，作为维持日常开支的费用。

据说，陈其美潜入上海不久，即为袁世凯的密探侦知，江苏督军冯国璋悬赏五万元捉拿。陈其美整日与同志躲在法租界环龙路十四号阁楼中，以馒头充饥。偶尔外出，也必须经过一番乔装打扮，化装成工人，在敌人的严密监视下，陈其美无法亲临指挥讨袁行动。

陈其美在上海一筹莫展，心情非常沉重，他甚至电告孙中山，称："如事不成，决不再亡命日本。"孙中山接到电报后，大惊不已。担心陈其美轻于牺牲，于是一再致电促陈其美东渡，再作定夺。在孙中山的一再催促下，陈其美在8月间离开上海，返回东京。

二、诛杀郑汝成，振奋党人心

陈其美回到东京后，参加了由孙中山主持召开的军事会议，出席会议的还有居正、许崇智、周应时等。他们一起研究了袁世凯的兵力部署及革命党在国内的力量分布，考虑到袁氏以皖、粤、湘为民党势力的根据，特派心腹大将镇守，并遣北洋军驻防；而且汤芗铭（湖南督军）、龙济光（广东督军）、李纯（江西督军）、倪嗣冲（安徽督军）等又极力迎合袁氏意旨，残酷屠杀革命党人，这几省的革命力量受到严重摧残，革命党人几乎被赶尽杀绝。相比之下，袁世凯的势力在西南各省就显得比较薄弱，特别是云南，自辛亥以后，袁家势力未曾侵入。因此，陈其美提议先从西南入手，"尤其是云、贵两省，乘隙抵虚，较易为力"。陈其美的建议得到与会者的一致同意，会议当即决议从事西南，而以粤东为机枢，并推陈其美主持西南工作，在香港设立办事处，加强与西南各省的联系，积极策动云贵起事，"先从西南造我根据"。

陈其美鉴于前次运动江浙时，因经费短缺而一事无成，决定先偕胡汉民等前往南洋一带劝募，并兼办党务，待经费稍有着落时，再赴西南策划行动，亦得到孙中山同意。孙并为其亲自写了介绍信。

10月中旬，陈其美离开东京，取道上海，准备南下。当时因为袁氏卖国，人心激愤，在革命党人的活动下，上海一带的海陆军表示愿意归附者日众。在上海主持工作的革命党人认为机不可失，坚决要求陈其美留下来主持上海讨袁事宜。陈其美经请示孙中山后，得到允准，孙中山随即改派陈其美为淞沪司令长官。陈在上海法租界霞飞路渔阳里五号设立了总机关，并委派吴忠信、蒋介石、杨庶堪、周淡游、邵元冲、丁仁杰、余建光等，分任军事、财政、总务、文牍、联系诸职务。

陈其美为了在上海打开局面，决定首先除掉袁世凯的忠实爪牙、上海镇守使郑汝成。

郑汝成（？—1915），字子敬，河北静海县（今属天津市）人，毕业于北洋水师学堂及英国海军学校，曾任烟台海军学堂监督、烟台海军教练营统领、海军部司长等。1912 年任袁世凯的侍从武官、海军执法官等。二次革命时，袁世凯派郑汝成率军南下，进驻上海制造局。袁世凯镇压二次革命后，即任命郑汝成为上海镇守使。郑汝成为人权谋诡谲，干练多才。他上任后，秉承袁世凯的意旨，残酷地镇压在上海活动的革命党人，据统计，到 1914 年 9 月止，被郑汝成杀害的革命党人有 87 人之多，当时流传一句顺口溜："镇守使署是鬼门关，党人只去不再还。"袁世凯复辟帝制的企图公开后，郑汝成极力赞助，并且扬言："一身独当东南各省反对之冲。"因此被袁倚为"东南柱石"。1915 年 10 月，袁世凯授予他将军府"彰威将军"称号。

陈其美认为，上海为东南第一要区，吴淞要塞扼长江之口，制造局为后方重地，都是军事上必争之地。但海军不得，则上海难下；上海不下，则东南难图。要取上海，须先除去郑汝成。

要除掉郑汝成，却非一件容易的事。郑汝成的府邸戒备森严，本人又深居简出，行动甚为诡秘，陈其美等一时无从下手。11 月 8 日，陈其美获悉日本大正天皇于 11 月 10 日举行加冕典礼，日本驻沪领事将开会庆祝，郑汝成作为上海地方的最高军事首长，将奉袁世凯之命前往祝贺。陈其美认为这是除郑的绝好机会。9 日，他召集杨虎、孙祥夫、周淡游、李海秋等革命党人在法租界萨坡赛路 14 号开会，布置阻击郑汝成的行动计划。决定凡是郑汝成可能经过的地方，都派革命党人埋伏路口：吴忠信领安徽革命党人在十六铺；江浙革命党人在跑马厅；谢宝轩等在黄埔滩；马伯麟、徐之福等广东革命党人在海军码头。陈其美还考虑到英租界外白渡桥是郑汝成的必经之地，此地离日领事署距离最近，而且车辆在此必须转弯慢行，最利于伏击。陈其美考虑再三，决定选派干练沉稳、枪法娴熟高超的王晓峰、王明山担此重任。因这次行动事关重大，陈其美于当天召见王晓峰、王明山两位志士，双方进行了颇有意义的对话——

陈："讨袁，吾人之专责也。袁不死，民国必亡。顾欲倒袁，必先在沪发难。欲在沪发难，必先杀郑汝成。故杀郑，即所以倒袁，亦即所以存民国也。二君之意谓何？"

二王："公言是也。吾人必誓死以奉公命。"

陈："吾闻郑汝成明日必赴日领署贺日皇登极典礼。吾已于各要隘分布死士矣。忧虑其疏。然外白渡桥为郑氏最后所必经，吾欲两君任最后之一击，则郑必死。以该地警备之严，郑虽死，两君亦必不免，然民国则由此而存矣。两君能一切不顾而行之乎？"

二王："诺。吾侪必行，以堂堂七尺之躯，献之于国矣。"

陈："甚善。吾将静俟公等之成功与成仁矣。"

10日上午10时半，各路伏击人员携带炸弹、驳壳枪与五百发子弹分头出发。王晓峰、王明山与孙祥夫潜伏于外白渡桥北墩三四丈处。郑汝成因已获悉外面风声很紧，临时改变了行车路线，先绕道乘汽艇至汉口路外滩登岸，换乘汽车。因此，其他各部伏击人员均未能遇到郑汝成的车队。11时许，郑的汽车行至外白渡桥北墩附近时，车速减了下来，在将上桥脊时，孙祥夫认定身着黑披肩、大礼服者是郑汝成，急发令执行。王明山立即向郑的汽车投去一枚炸弹，但因用力过猛，炸弹落在了车后。郑氏座车司机发现情况有异，想加速急驶而逃。王明山眼疾手快，又冲上前去，投去第二枚炸弹，命中车的后身，郑氏在车中震得失去知觉。王晓峰迅速跳上郑氏座车缘左手握车栏，右手提驳壳枪，对准郑的头部连发十枪。因射击距离近在咫尺，郑汝成当即脑浆迸裂，当场毙命。王明山、王晓峰击毙郑汝成后，本可从容逃脱。但他俩却从容地将郑汝成验明正身，见刺郑目的达到，便放声大笑，立桥头演说一分钟，从容被捕。

在法庭上，二位志士侃侃而谈："郑汝成辅袁世凯叛民国，余等为除贼，使天下知吾人讨贼之义，且知民贼之不可为。"但当法官再三盘问主使人及同党时，二人"坚不吐实"，只是自豪地说："吾为祖国立一大功，虽死无憾。"然后从容就义。

郑汝成的死讯传到北京，袁世凯"大为伤感，辍会终日"。11月，袁世凯下令追赠郑汝成一等彰威侯，照上将阵亡例议恤，给治丧费2万元，拨天津小站营田3000亩给郑氏家属，并在上海及原籍建立专祠。这些均说明，陈其美刺杀郑汝成，沉重打击了袁世凯。

孙中山则为之振奋不已，他高度评价"二王刺郑"说："此等气魄，真足令人生敬。沪去此贼，事大可为。"

黄兴在《致张孝准书》中也说："昨郑汝成一击，最快人心者也。"

三、肇和舰起义，义军之先导

郑汝成被诛后，袁世凯急忙下令裁撤上海镇守使职，改设淞沪护军使，以杨善德、卢永祥为正副护军使，同时任命何丰林为上海防守司令。袁世凯还下令江苏将军冯国璋及长江巡阅使派军队协助防守上海。

但是，新任护军使杨善德为人平庸，在军内毫无威信，致使军心浮动。陈其美抓住这个时机，派遣杨虎等人对停泊在长江上的"肇和""应端""通济"等三艘军舰上的官兵做了很多工作。特别是肇和舰舰长黄鸣球同情革命党人，所以革命党人对该舰官兵的争取最有成绩。肇和舰上实习生陈可钧表现最为积极，主动担负起了倡导起义的任务。经过艰苦细致的工作，肇和舰上的多数官兵均表示愿意起义。"应端""通济"两舰官兵赞成起义的也逐渐多了起来。此外，革命党人运动陆上军警的工作也进行得相当顺利，"陆军及警察，已多表同情于我党"。

陈其美认为上海起义的时机已经成熟，制订了"以舰队为主，炮队营为副，同时并举"的行动计划，并决定在 12 月中旬发动。

正当陈其美等人酝酿上海起义的同时，情况突然发生了变化。原来，革命党人运动上海军警时，不慎走漏了风声。袁世凯得到密报后，立即下令采取隔离措施，将所有有嫌疑的陆军一部分调往北方，一部分就地解散，并令有嫌疑的军舰出海活动。

12 月 1 日，海军总长萨镇冰奉命来到上海检阅海军，并命令肇和舰于 12 月 6 日开赴广东。这突如其来的变化，打乱了陈其美等人先前的全部计划。革命党人找到陈其美，对他说："我党联络肇和之成绩，为各舰之冠。今若听其开去，则将来发动尤难。"因此，一致要求陈其美提前于 12 月 6 日以前发难。

陈其美立即召集革命党人商讨对策，经过反复思考，多数人均认为：肇和、应瑞、通济三舰是海军中的精华，一旦发动，这几艘军舰均可同时得手，然后再用军舰上的炮火对付陆军，陆军必定溃败。会议当即决定，趁海军各舰长公宴萨镇冰之日，即 12 月 5 日午后 4 时发动。

陈其美为这次行动制定的战略目标是：袭击海军，后即攻制造局，再取吴淞要塞，然后图浙攻宁，以为东南之根据。

陈其美经报请孙中山批准，陈自任淞沪司令长官，吴忠信为参谋长，黄鸣球为海军总司令，杨虎、孙祥夫为海军陆战队正副司令。其作战计划是：（1）海军以肇和舰为海军司令部，杨虎率一部分人占领肇和，占领后即开炮猛击制造局；孙祥夫等率一部分部队分别占领应瑞、通济两军舰，以为肇和舰之辅助。（2）制造局内同意反正之军队及城南闸北等处之军警，闻军舰炮声一响，即同时响应。（3）夏尔玛担任各城门举火响应。（4）薄子明等率领山东部分同志攻击警察总局。（5）阚钧、沈侠民、朱霞、谭斌等担任攻击电话局、电灯厂。（6）陆学文担任攻击警察第一署及工程总局。（7）姜汇清、曹淑实、杨靖波、余建光等担任攻击闸北方面之军警，余建光并担任散布告示檄文。（9）杨庶堪、周淡游、邵元冲等担任留守总机关部，并办理后方勤务。事前还约定，以海军炮声为号，各路并举。

5日下午3时，杨虎率领海军陆战队30多人，暗藏手枪、炸弹，扮作游客，乘汽艇由黄浦出发，直奔肇和军舰。途中，汽艇上悬起"青天白日旗"，因此旗与当时政府海军旗近似，肇和舰上官兵误以为有人前来校阅，乃集合官兵在甲板上列队欢迎。当汽艇靠近肇和船舷时，陈可钧按计划率众响应。因事先已有默契，响应者颇多。杨虎等人顺利登上军舰后，当即宣布中华革命党的讨袁宗旨及起义目的，舰上官兵欢呼赞成。6时许，杨虎命令肇和舰向上海制造局开炮，起义行动正式开始。

另一路由孙祥夫率领的海军陆战队30多人，由杨树浦乘小汽船出发，以夺取应瑞、通济两舰为目标。正当孙祥夫等人快要接近应瑞舰时，被巡捕发现，索阅出港护照。但革命党人在购买小汽艇时并未向海关注册领牌，取得护照，而且亦不知道海关向例无护照之船只不能靠岸停泊。这突如其来的变化，使他们束手无策。孙祥夫等被巡捕所阻，被迫折回，夺取应瑞、通济两舰的计划流产，使肇和舰陷入了孤立无援的局面。

肇和舰上的炮声一响，潜伏于租界上的数百名革命党人闻声而动，按照预定计划，分数路向预定目标进发。

谭斌、朱霞率数十名革命党人，身着便衣，手持短枪，冲入南市电话局。局中人一时不知所措，革命党人未遇抵抗，占领了电话局，并立悬三色旗及海陆军总司令旗。但不久，政府军即从制造局开来一支部队反攻电话局，革命党人因力量不支，被迫退出，电话局复为政府军占领。

薄子明率领的 200 人，潜伏于警察局附近的隐蔽地，俟炮声响起，即向警察局发起进攻。但因政府军已占领各要道，且武器精良，革命党人皆持短枪，难与之抗衡，同样不敌而退。

陆学文率领的数十名革命党人，各持炸弹、手枪，向淞沪警察第一署及工程总局猛攻，打算夺得军械，占据局署，设置起义前线指挥部。革命党人以炸弹摧毁警察署大门，同时手枪齐鸣，向顽抗的警察射击，警察抵挡不住，全体溃散。革命党人攻入警察署，缴获了一批枪支弹药。次日拂晓时分，政府军展开反扑，经过激战后，革命党死伤过半，损失惨重，不得不撤出阵地。

由姜汇清、曹淑实率领的四五十人，于夜半攻击闸北四区警察二分署，革命党人与警察遭遇后，开枪击伤警察二名，而后也因实力悬殊而失败。

革命党人数路并起，初看声势似乎颇大。但实际上，革命党人不仅缺枪少弹，而且多系临时组织起来的会党分子，战斗力很差。淞沪护军使杨以德、上海防守司令何丰林凭借雄厚兵力，一面调兵遣将组织反攻，一面下令全市戒严，派兵把守各处关卡要隘，并会同租界当局加强巡守。

在政府军的反扑下，各路革命党人均因寡不敌众而迅速溃败，夺取制造局的计划也终于落空。

在渔阳里五号总机关坐镇指挥的陈其美，闻肇和舰炮声一响，即率领吴忠信、蒋介石、丁景良、周应时等冒险赶赴华界，准备就近指挥一切。但走到半路上，即传来各路起义军相继失利的消息，陈其美等人急忙赶回总部，商议再取应瑞、通济两舰计划及布置各路重新反攻计划。正在计议之中，忽有法租界巡捕房侦探及巡捕十余人破门而入，当即逮捕了在楼下望风的陈果夫、丁景良二人。陈其美、吴忠信、杨庶堪等人听到楼下骚动，迅速登上屋顶逃脱。后转移至蒋介石的寓所——新民里 11 号，隐蔽了起来。

革命党的指挥机关遭到破坏。

各路起义军失败后，只剩下了肇和军舰仍在孤军奋战。

在肇和舰起义时，即向应瑞、通济两舰发出信号，问其是否同意起义。两舰皆发回信号，称"正在会议，当可赞同，请勿攻击"。肇和舰上的官兵得此信息后，即不疑有他，安心等待两舰的响应。夜半1时，杨善德、萨镇冰与海军总司令李鼎新等人赶到江南制造局，商议对付肇和舰的办法。经请示袁世凯后，决定击沉肇和舰。并从交通银行提取现款20万银元，由萨镇冰亲自送到应瑞、通济二舰上，收买这两艘军舰向肇和舰开炮，并许诺在事成之后，加付100万元犒赏费。当贿款运到后，应瑞、通济二舰上的气氛顿时为之一变。一些原先已答应参加起义的官兵在得到厚贿后，又垂涎于今后的高官厚禄，纷纷改变主意，转而赞成攻击肇和舰。两舰上的革命党人虽然竭力阻拦，但经不起金钱利诱的官兵占了多数，革命党人也就无能为力了。

6日拂晓4时许，应瑞、通济两舰突然发炮，猛攻肇和舰。正在静待两舰响应的肇和舰，在毫无思想准备的情况下，急忙发炮还击。但慌乱之下，多数炮弹均未能击中敌舰，而肇和舰却屡屡中弹，死伤枕藉，在肇和舰上指挥的杨虎原打算将舰开出吴淞口，以避打击，但革命党人又不懂电气起锚法，无法开船。革命党人只能据守肇和舰，应战到底。杨虎在败局已定的情况下，不得不下令弃舰撤退，杨虎等凫水脱险，陈可钧等数十人因伤势严重，无法行动，被政府军捕获，后来均英勇就义。

肇和舰起义，从开始到结束，前后不满12个小时。革命党人被捕40余人，伤70余人。

1929年12月5日，杨虎向国民党中央执行委员会提交了《陈肇和舰起义经过并请优恤死难烈士呈》，提供了有关肇和舰起义的详细资料。

陈其美后来总结说，"财力不足"是肇和舰起义失败的主要原因。据说，这次起义从酝酿到事后的抚恤，革命党人仅用了 4 万元，而袁世凯仅收买应瑞、通济两舰却花了 20 万元，两者相差悬殊。

肇和舰起义虽然失败了，但其影响仍然是相当大的。它以无可辩驳的事实戳穿了袁世凯及其拥护者们所谓帝制运动出于真正民意的谎言，给帝制运动以当头一棒。孙中山后来高度评价说："肇和一役，事虽未集，然挽回民气，使由静而动，实为西南义军之先导。"

四、事过境迁，辛亥奇迹不再

陈其美是一个从不知失败为何物的人，他从不因失败而灰心丧气，且愈挫愈勇。当肇和起义失败后，其侄陈果夫有失望情绪，陈其美当即开导说："事业失败，不足畏也。改过再图必有成功之一日，惟志不可颓。志颓则永无成。吾辈今后仍当积极进行，成功不过时间问题耳。"陈其美满怀信心，继续坚持讨袁斗争。

1915 年 12 月 25 日，进步党、欧事研究会和西南实力派联合在西南揭开了护国战争的序幕。以唐继尧任中华民国云南都督府都督，蔡锷任中华民国护国军第一军总司令官、李烈钧任中华民国护国军第二军总司令官、唐继尧兼任中华民国护国军第三军总司令官。

12 月 31 日，唐继尧、蔡锷、任可澄、刘显世、戴戡等联合发表通电，宣布护国军的最终目的是：（一）与全国民众勠力拥护共和国体，使帝制永不发生；（二）划定中央、地方权限，图各省民力之自由发展。（三）建设名实相副之立宪政治，以适应世界大势；（四）以诚意巩固邦交，增进国际团体上之资格。

护国战争开始后，孙中山指示中华革命党在国内各地加紧发动起义，以争取中华革命党应有之地位。

12月28日，孙中山致电在上海的陈其美等人，指出："此后我党当力图万全而后动，务期一动即握重要之势力。"根据孙中山的指示，陈其美与中华革命党江苏司令长官周应时决定在江苏起兵讨袁。

1916年1月7日，陈其美与周应时发布命令，定于次日镇江、常州、无锡同时起义。但起义未及发动，镇江等地数处秘密机关即遭到破坏，十余名革命党人遭逮捕，起义计划流产。这说明，在袁世凯势力严密布防的东南地区，起义的时机和条件均不成熟。

为了统一指挥中华革命党的讨袁斗争，孙中山于1916年2月22日任命陈其美为江、浙、皖、赣四省总司令，次日又令陈其美就近接洽湘、鄂等省讨袁事宜。不久，孙中山还委任陈其美兼任江苏司令长官。

护国战争发动后，孙中山迫切希望陈其美在以上海为中心的东南地区打开局面，以便压倒和抗衡进步党、欧事研究会和西南实力派联合领导的反袁力量，以掌握反袁革命的主动权和斗争方向。因此，孙中山对陈其美寄予了极大的希望，期望他重演辛亥革命时先取上海，依次取东南的旧剧。孙中山希望陈其美与王统一合作，分别策动上海的陆军和海军起义。他在致陈其美的电报中说："沪能得手，则万事皆就，望奋励图之。"

就在这时，日本政府对以孙中山为首的革命党人的政策也发生了变化。起初，日本政府以支持袁世凯称帝为条件，大施讹诈术，向袁世凯提出变中国为日本殖民地的"二十一条"。当袁世凯"忍痛"接受日本的"二十一条"后，日本对袁世凯始乱终弃，转而支持中国革命党人、宗社党人及一切反袁力量起来推翻袁世凯。日本胜田龙夫著《中国借款和胜田主计》一书披露，对中国南方，由日本久原矿业株式会社社长久原房之助（1896—1965）出钱援助以孙中山为首的革命党人，发动倒袁武装；在中国北方，则拥立在大连避难的前清肃亲王，使中国东北和蒙古地区连成一片，建立独立国家。据统计，1916年上半年，日本共借给孙中山240万日元，另借给黄兴10万日元，陈其美10万日元。与此同时，日本还借给反袁的西南军阀首领岑春煊100万日元，至于日本提供给肃亲王为首的宗社党的款项则不详。

从日本政府来说，这些钱虽然是以"借贷"的名义提供的，但他们压根就没有想要孙中山等归还这笔钱。因为只要把中国政府搞垮了，把中国搞成了四分五裂的局面，日本就能从侵华中攫取到更大的利益，因此这区区的日元"供款"就不用计较了。

孙中山从日本人手中"借"到的钱，很大部分寄给了陈其美。

3月12日，孙中山致电陈其美，告以允汇款20万元，作为江浙革命活动及运动第二舰队反正的费用。16日，孙中山汇给陈其美21万元，其中1万元给在湖北活动的田桐。

在这期间，孙中山一日三电，催促陈其美早日发动。特别是3月下旬，孙中山得到一则政治情报，称袁世凯的政治顾问莫理循向袁世凯献策，让袁暂退，由黎元洪出而代之，俟第一次世界大战结束，袁再借英国的力量复出。孙中山获悉后，再次敦促陈其美："沪事当发于袁退之前乃可。"

尽管孙中山一日三电，但陈其美与王统一策动上海海陆军起义的工作却始终未能奏效。陈其美想效辛亥之年的老故事，与李平书等上海资产阶级巨头联合在上海发动起义，但遭到委婉拒绝。李平书说："余鉴于癸丑之役，极力劝阻。况三月底为南北钱业收账之期，一旦起事，地方不免纷扰，关系市面金融，于饷源亦大有妨碍。"（李平书：《且顽老人七十岁自序》，第253页）中国软弱的资产阶级早已抛弃了自己的领导集团。

陈其美在上海迟迟不能发动，孙中山于3月31日致电陈其美，对上海革命党人有所责备："帝制取消，军心益振，而沪反因之观望，恐前联络之人皆多不实，故托此为辞，欲再得款耳。望兄详察，勿受其欺。"

4月4日，孙中山又致电陈其美："能动即动，若彼等政府成立，吾党外交更失地位。"

此后几日，孙又一再致电陈其美，促其相机而动，切勿错过时机。

孙中山并许诺："若沪得后，可立致百万。"

4月8日，孙中山又电汇陈其美11万元，并告以"切望佳音，行当率同志齐来"。

孙中山急切希望中华革命党在护国战争中能有所作为，心情之急迫溢于言表，这无形中给陈其美等人施加了巨大压力。此时的陈其美缺兵少将，只能将希望寄托在收买政府军反正之上。

陈其美在上海束手无策，于4月中旬派杨虎、尤民等人赶赴江阴运动军队。

当时驻江阴的部队是苏军第七十五混成旅。杨虎等人抵达江阴后，对部队策反相当顺利。4月16日，江阴驻军宣布独立，第七十五混成旅旅长方更生出逃，杨虎宣布就任司令官。4月23日，起义军在进攻无锡时，遭到卢永祥、朱熙等部优势兵力的阻击，起义军寡不敌众。26日江阴失守，尤民遇难，杨虎潜逃，起义失败。

4月24日，孙中山电告陈其美："前费巨款无效，不能昭信于人，无法再筹。军官索款，可许以事后倍给，事前毋轻掷。"

4月27日，孙中山偕廖仲恺、戴季陶等由日本启程回国，在国内指导反袁斗争。行前一天，即4月26日，孙中山致电陈其美，称："若沪、浙能入吾党范围，则大局可定矣。"

遵照孙中山的指示，陈其美于4日底派中华革命军浙江司令官夏尔屿赴杭州，试图掌握浙江局势。但浙江宣布独立后，实权仍落入了浙江军界实力人物吕公望、童保暄、夏超等人手中。5月1日，夏尔屿在杭州为吕公望等人杀害，陈其美的图浙计划宣告失败。

5月5日，陈其美又派遣数十名革命党人分乘汽船数艘，由上海驶抵吴淞口，企图袭击"策电"号军舰，仍遭到失败。姜永清、杜鹤麟等20余名革命党人被捕。

至此，陈其美已束手无策，无法可想。孙中山回到上海后，困于帝国主义的租界内，面对反袁大局无能为力。

5月上旬和中旬，孙中山两次致电两广都司令岑春煊，一则表示祝贺，一则表示支持和拥护岑春煊为反袁中心之意。

孙中山是革命党人的领袖，却不得已而去拥护一个旧官僚岑春煊做反袁中心，这说明他领导的中华革命党没有发挥应有的作用。革命需要激情，更需要理智。革命需要乐观，但不能盲目乐观。革命成功需要一个有激情、有理智、雄才大略的革命领袖群，需要有一个坚强的领导集体。中国的资产阶级革命之所以不能成功，缺乏一批雄才大略的领袖、缺乏一个坚强的成熟的领导集体也是一个重要原因。

五、为共和捐躯，喋血浦江畔

陈其美作为中华革命党在东南地区的最高领导人，以不屈不挠的精神，始终坚持讨袁斗争，袁世凯对其恨之入骨，必欲去之而后快。

据《民国日报》报道，袁世凯政府在上海租界闸北专门设立了暗杀机关，专门对付陈其美及中华革命党人。中华革命党的重要干部范鸿仙、夏之麒、张志刚等先后被袁世凯派出的密探刺杀身亡。陈其美更是他们要刺杀的首要目标。

陈果夫回忆说："五年五月十六日，即叔殉国前两日，予往渔阳里叔寓所，未遇，乃步行至萨坡赛路十四号，道经蒲石路的白尔部路转角，见三方面均有数人，共约十余人，内有一人急急询问另一人曰：'是不是？'答曰：'是戴眼镜的。'其余各人均特别注视予面，予心顿起疑意。既至十四号，仍不见叔。转至新民里十一号蒋介石先生寓始遇之。见其形容甚枯槁，精神委顿。盖此数日中办事不顺手，经济又困难，各方接洽事务至繁忙，致睡眠休息时不足，而有此现象也。旋有数友至，乃相与言治胃病之法，予以所闻之良法进言，叔答曰：'我病不可治也。'言时似甚伤痛。在座诸同志亦为之不欢，嗣叔命予与丁景梁先生接洽某事，遂辞出，竟忘将在路角所遇之事告知。十八日以后，始知凶手已在附近守候多日矣。"（何仲萧：《陈英士先生纪念全集》（一），第181—182页）

袁世凯的密探加害陈其美的企图已是公开的秘密。革命党人均为陈其美的安全担忧，劝他出入时绝对要慎重。但陈其美早已置生死于度外，丝毫不以为意。他对进言的周佩箴说："佩兄！我们革命党本是抱牺牲主义的，何畏乎暗杀？现在本党士气颓唐，若我被暗杀，本党士气，一定可应时振作，同志一定奋力除奸，则死了一陈英士，一定可产生千千万万陈英士，对于本党国家前途，非常之好。"（秦孝仪主编：《陈英士先生纪念集》，第183页）

由于陈其美的疏忽大意，终于中了袁世凯爪牙的毒计。

原来，袁世凯派来对付陈其美的密探许国霖、程子安、朱光明等获悉陈其美经济困难，急需筹措一笔经费时，当即将计就计，他们虚设了一个所谓的"鸿丰煤矿公司"，收买革命党的叛徒李海秋、王介凡出面，向陈其美诡称"鸿丰煤矿公司"拟将一块矿地向日商典押借款，他们请陈其美介绍一个日商，他们答应事成之后可将借款的四成作为介绍费送给陈其美。陈其美正因筹款无着而发愁，根本没有想到这是李海秋等设下的毒计，当即欣然应允。

1916年5月18日，是双方约定的签字日。这天，袁世凯的特务爪牙许国霖、程子安和叛徒李海秋、王介凡偕同日本商人，分乘马车来到萨坡赛路十四号。事先程子安等已令王殿章、任子广、王润甫、王子连和潘甫

陈其美遇刺殉难

庭等杀手手持短枪、石灰包等埋伏于各路口。并派杜福生准备了汽车、马车，准备在行凶后脱逃之用，派宿振芳在弄堂口望风。在一切布置妥当后，程子芳来到萨坡赛路 14 号，陈其美在底层客厅与他们见面。这时，李海秋借口合同底稿没有带来，要回去取。李刚走出门，程子安等特务即拔枪向陈其美射击，陈的头部连中数枪，倒在血泊里，当即牺牲。

吴忠信、邵元冲、丁景梁、余建光等革命党人听到枪声，急忙冲了出来，凶手举枪狂击，脱门而逃。凶手许国霖刚想坐黄包车逃逸，被一工人推翻车子，当场抓获。在弄堂口望风的宿振芳也被捕获。叛徒王介凡被乱枪打死，潘甫庭受伤，后死于医院。

上海《民国日报》于 1916 年 5 月 19 日、20 日连载《陈英士先生遇害记》，记述了当时的情形：

昨晚五时三十分左右，法新租界萨坡赛路十四号门牌出一重大之暗杀案，盖民党巨子陈英士先生竟被匪徒狙击毙命也。匪徒共三四人，雇坐五百七十二号汽车前往，时陈先生方在客室会客，该匪徒由两人入门，其一穿橡皮雨衣，其一穿黑色衣服，进门后即径入客室，对准陈先生乱开手枪，陈头部中弹倒地，该匪即飞步奔逃。因有人追出故仍举枪乱放，又伤一人（丁某）死一人（闻系王某），该匪等奔上汽车图逃，而汽车夫已不知去向（当系闻枪声畏避），急自行司机竟将机件损坏不能行动，又舍车而逃。则探捕已赶至围捕，当即捉住一人，后闻又在某处捕得嫌疑犯一人，现在侦查中。而陈先生因弹中要害，未及入医院即弃民国而长逝矣，呜呼。

陈英士先生之历史俟更详述，惟先生富辨奸之识，沪军取消后，薄工商总长而不为，盖早知袁之不可共处。袁亦忌先生最甚，当时即竭力播散谣言，颠倒舆论，以金钱之力污蔑先生名誉。迨二年春，宋案发生，先生协助捕房发奸摘伏用是益遭袁忌。嗣后先生主持讨袁，至今日未尝少懈，袁政府心目中殆以先生为唯一劲敌，至悬赏七十万元以购先生，可见其谋害之亟。此次行刺，凶犯其设备至周，进行至勇，非偶然也。

前日下午五时十五分顷，先生在萨坡赛路十四号接见四客，其会客室分前后两间，后室有一门，门在楼梯之侧，先生在后室会客，其前室有同志数人聚谈。凶犯两人入大门，一下女向索名刺，两人不顾径入直向后室而进前室，诸人闻声出视，后室枪声已大作，室外一人持枪把守，见前室有人出，举枪乱放，同时先生已遇害后室。刺客逃出由后门出外，一仆人追捕之，已擒住，忽腕际中一枪，乃释手，余一人亦夺前门而逃，下女阻之，枪弹自鬓际掠过，略受微伤。前室诸人出追，凶手乱放手枪，丁人杰君肋下中一弹，曹叔宝君腕部中一弹（伤势皆不甚重，现在医院中可无性命之虞）皆仆地。又吴君失足附地伤一齿，比起身，凶手已出门矣。又有王介凡，系先生所见诸客中之一人，亦死于路侧，其原因未详。

凶手预由同党雇大新街意泰汽车行五百七十二号汽车在路侧等候，出门后急上汽车，而慌乱中机关忽坏，乃弃车而逃。时巡捕巳闻声围捕，当捉住一人，又在汽车内坐垫下搜出手枪二支，石灰包一个，显系凶手同党预备开车疾逃时抵御追捕之用。后追究汽车来历，又捕获嫌疑犯一人。

先生近患病颇笃，惟忧勤国事不敢稍息。前日病略愈，即会客治事，凶手入室时情形如何，现尚无知者。据情势推测，当接近先生以枪对准面部连发三枪，第一弹中右颊下部口边，第二弹右略上一寸之处，第三弹在右颧颞部近眉端之处。而最致命者一弹，自头部前面而出，脑血淋漓，头发为之黏连，右半面皮肤变成黑色。又夹袍下端有一弹孔，其座椅亦中弹。当凶手逃走后，同室者急入视，以电话延某日医时，先生已不能言语，目尚能视阅，三四十分钟医生至，脉息已垂绝，未几即长逝。是日先生穿蜜色夹呢袍，原色花缎对襟马褂，新病初愈兼流血过多面色苍白，而沉毅之慨犹溢于眉宇间，瞻遗容者无不为之涕下焉。

有关陈其美遇刺案的黑幕，始终没有充分暴露。

在法庭上，宿振芳供认，"程子安奉张宗昌命令，暗杀陈先生。"许国霖则供："程子安本为张秀全、韩恢、胡侠魂等部下。"

张宗昌系山东人，后流浪东北参加胡匪组织，成为胡匪头目。辛亥革命时为革命党人招进革命队伍，所部调上海时，归沪军都督府指挥，因此也算是陈其美部下。后因张部纪律不好，调赴徐州，整编后属第三师冷遹所部。二次革命中徐州之战，袁世凯政府军收买徐州土匪袭击讨袁军后路，而土匪则买通张宗昌部不战先溃，迫使讨袁军全线后撤。兵退浦口后，张宗昌以第三师名义向政府军接洽投降，调转头来进攻南京的革命军队。此时，又参与策划了暗杀陈其美的暴行。张秀全身份不明，而韩恢、胡侠魂则都是"铁血监视团"成员。他们的部下程子安参与了刺杀陈其美的罪恶活动。如此看来，陈其美与宋教仁一样，是被参加过革命，而后被袁世凯收买的会党分子所杀。

陈其美一生都在利用会党、土匪从事革命活动，而袁世凯则反过来收买会党分子对付革命党人。陈其美之死，是中国软弱的旧资产阶级民主革命的悲剧。

六、魂归故里，长眠岘山之阳

孙中山闻悉陈其美遇害的噩耗，极为震惊。他不顾自身的安危，立即亲临现场吊视。孙中山说："敌人这样凶残，我们一定要唤起全国民众革他们的命！"孙并手书"失我长城"以挽之。

当天晚上，蒋介石将陈其美的遗体移到其法租界蒲石路新民里十一号寓所。20日午后6时入棺成殓。

孙中山因不便亲临，特致函陈氏家属以示哀悼，称："英士兄惨遭变故，文不便亲临致奠，益增哀悼。此案关系至重，不能不彻底穷究。而文亦详悉内容，以便设法对付。"

自陈其美遇害之次日起，中外媒体连续作了报道和评论。如《民国日报》1916年5月19日至26日连续发表了八篇《陈英士先生遇害记》和《哀陈英士先生》《陈英士先生哀辞》等社论。蒋介石以盟弟的身份写了一篇十分哀痛的《祭陈英士文》：

维民国五年五月二十日，盟弟蒋介石致祭于英士先生之灵曰：呜呼！自今以往，世将无知我之深爱我之笃如公者乎。丁未至今十载，其间所共者何如事，非安危同仗之国事乎？所约者何如辞，非生死与共之誓辞乎？而乃一死一生，国事如故，誓辞未践，死者成仁取义，固无愧于一生，而生者守信坚约，岂忍惜于一死。呜呼！大难方殷，元凶未戮，继死者之志，生者也；完死者之业，生者也。生者未死；而死者犹生；死者之志未终，而生者终之；死者之业未成，而生者成之。不终不已，不成而不死，亦不已，以履去春握别扶桑第二化身谶语，以守我之信，坚我之约而已。呜呼！追念前情，悲多而乐少，思深而恨长。辛亥以前，谋浙谋粤，一事未成，患难日迫，激感日深，几不知复有尔我之分也。辛亥以后，祸乱相寻，变故百出，非知爱之挚，鲜不为奸人所中伤。癸丑一役，败挫之余，从公往来，不离朝夕者，曾几何人。长逝以后，继公事业，不渝初衷者，更有何人。向之趋炎附势，排我斥我毁我诬我者，果何如乎？今之幸灾乐祸，妒公忌公讥公刺公者，又何如乎？诚耶？伪耶！是耶？非耶！不恨生前之中谗，惟愿死后之可告慰耳。噫！赤忱未剖，奸邪觚隙，忠言失察，竟成今日之祸，悲乎哀哉。而今而后，教我勖我，爱我扶我，同安同危，同甘同苦，而同心同德者，殆无其人矣。已矣哉，感此苍凉，吾复何言。世路崎岖，人心险巇，瞻前顾后，徒增寒心。白发在堂，黄口离抱，奉老扶少，更切苦思。公其有灵，来格来歆。（万仁元、方庆秋：《蒋介石年谱初稿》，第24—25页）

　　蒋介石的这篇祭文，概述了蒋介石与陈其美的十载相交，表达了继承遗志以竟未成之业的决心。

陈其美遇难后，海内外各团体、各界人士的唁电、祭文、挽联、挽额，多得难以数计，人们纷纷以各种形式表达对陈氏的悼念之情。

与陈其美关系一度紧张的黄兴在获悉陈其美遇难后，立即给孙中山发来唁电，唁电中说："惊闻英士兄为奸人所戕，旧同志健者又弱一个，极为惨痛。共和未固，遽失长城，我公哀念可知。仍望接厉进行，同慰先烈。"

1916年5月19日，上海《民国日报》发表了孙中山饱含深情的《祭陈英士文》：

民国五年六月□日，孙文谨以清酒庶羞，敬奠故都督陈君英士灵曰：呜呼！英士。生为人杰，死为鬼雄，唯殇于国，始与天通。亡清季年，呼号奔走，濒死者三，终督沪右，东南半壁，君实锁钥，转输不匮，敌胥以挫。孤怀远识，洞烛奸宄。好爵之縻，避之若浼。贼恶既淫，更张义师，奔虽云殿，自讼责辞。惩后惩前，文厉主张，彼恭文者，缪诋为狂，君独契文，谓国可救。百折不挠，以明所守。疾痪弥年，未偿逸暇，我志郁伊，赖君实笃。君总群豪，与贼奋搏，百怪张牙，图君益渴。七十万金，头颅如许，自有史来，莫之或匹。君死之夕，屋欹巷哭，我时抚尸，犹弗瞑目，曾不愈月，贼忽暴殂，君倘无知，天胡此怒？含笑九泉，当自兹始，文老幸生，必成君志。呜呼哀哉！尚飨！"（《孙中山全集》第3卷，第309—310页）

陈其美的灵榇于5月27日移寄上海法租界打铁浜苏州集义公所暂厝。

1916年6月6日袁世凯暴卒后，祭悼陈其美的活动逐步达到高潮。

8月13日下午，由孙中山、黄兴、伍廷芳、唐绍仪、温宗尧、王宠惠、章太炎、吴敬恒、张继、谭延闿、胡汉民、王正廷、柏文蔚、钮永建、张人杰、于右任、徐谦、李平书、黄郛、蔡寅、吴景濂、殷汝骊、褚辅成、马君武、谢持、田桐、俞凤韶、张浩、黄炎培、沈恩孚、李登辉、朱佩珍、沈镛、虞和德、李征伍、王震、傅宗耀、顾馨一、苏筠尚、周佩箴、吴佩潢、唐元湛、赵家蕃、赵家艺、魏子浩、任光宇、陈英、黄复生、何天炯、杨庶堪、廖仲恺、黄展云、冯自由、丁仁杰、周日宣、徐朗西、邵仲辉、叶楚伧、余祥辉、陈民钟、李惟贤、邱于寄、杨济沧等63人发起，在上海法租界霞飞路尚贤堂隆重举行"陈英士先生暨癸丑以后殉国诸烈士追悼大会"。

《民国日报》报道：会场"上列影照五帧，中为陈英士先生，左为范鸿仙、夏之麒两先生，右为夏次岩、陈子范两先生，并列数十先烈小影，癸丑以后殉国诸烈士各位，则以白布书成榜式附列，悬挂台之两旁，其数约三百数十人"。会场四周内外，满悬挽联，白帜飘扬，其数不下千幅。参加大会的中外知名人士及各界来宾计三四千人。孙中山因病未能出席大会，由黄兴主持仪式，并致词。黄兴指出："有诸烈士之牺牲其身，而后能再造民国；今后亦须有牺牲之精神，而后能使民国巩固。"

杨庶堪宣读了由孙中山领衔的《祭陈英士及癸丑以来殉国烈士文》，对二次革命以来在反袁斗争中死难的烈士表示了深切怀念。

各界人士敬献的挽联数以千计，下面录几副佳作：

脱帻揽贤殷　　早知狙伺来狂客

横刀向天笑　　如此艰难负使君

——黄兴

蛙井竟称尊　　杀贼当思慰来歆

海天待归棹　　故人何处觅陈尊

——黄兴

轶事足征　　可补游侠货殖两传

前贤无愧　　洵是子房鲁连一流

——蔡元培

二三子主持中部同盟　　忍教次第摧残

偏我先生留后死

六十翁不顾前途险象　　但祝英灵呵护

斩他逆首快民心

——谭人凤

天道复奚论　　忍令我亿兆同胞　　罹劫遭殃　　结局卒无真幸福

人心已尽死　　辜负尔几多志士　　捐躯殒命　　到头还是假共和

——谭人凤

十年薪胆余亡命

百战河山吊国殇

——于右任

春睿秋祎生民泪

山色湖光烈士坟

——于右任

不敷衍　不调停　不畏人言　一副侠骨妒煞宵小；

为民福　为国利　为谋革命　全身热血保障共和。

——戴季陶

184

天道无知　苦思公十年旧雨

中原多故　乃坏汝万里长城

——蒋介石

1916 年 10 月 31 日，中华民国的开国元勋黄兴病逝于上海。11 月 8 日，发动护国起义、再造共和的蔡锷又病逝于日本医院。革命将领的相继辞世，引起举国一致的悼念。为表彰黄兴、蔡锷建立共和、维护共和的丰功伟绩，被袁世凯非法解散的第一届国会复会后，即决定仿照外国的做法，以国葬仪式来安葬黄、蔡二人。

孙中山闻悉后，于 11 月 20 日与唐绍仪联名致函北京政府各总长各议员，要求对陈其美一并予以国葬。

1916 年 12 月 18 日，国会通过了中华民国成立以来的第一部《国葬法》。该法共八条，对于享受国葬者的资格、国葬的经费、仪式等都作了具体规定。12 月 22 日，大总统黎元洪下令国葬黄兴和蔡锷。

随后，国民党籍的众议员叶夏声在国会提出议案，"请以国葬之礼施诸陈英士君"。该议案并称："陈君之有功于中国。不减于日本之西乡隆盛。"叶夏声的议案一经提出，立即在国会内引发了一场激烈的争论。

研究系（其前身是进步党）的国会议员强烈反对国葬陈其美。研究系议员王谢家在《对于陈其美国葬之商榷书》中，开宗明义指出："必如黄、蔡二先生之伟烈殊勋而又道德纯粹，舆论洽乎，乃足以当兹隆典。"商榷书接着指出："前沪军都督陈其美，革命巨子，诚为不谬，惟与黄、蔡一例国葬，尚待商榷。"他具体地指出国葬陈其美有两不可。他的结论是："国葬乃极重大之典礼，如先儒从祀庙廷，宁缺勿滥。"

对于王谢家的非议，国民党籍议员高旭"极不能平"，特作《为国葬陈英士驳王谢家文》，对王谢家提出反驳。高旭指出："今大总统武昌起义，北兵进迫汉阳，于斯时也，不有陈其美上海之克复，南京政府恐不能成立。夫南京政府而不能成立，则武昌未堪设想。由斯而谈，则第一次之革命，不得不推陈其美之功。犹之第三次之革命，蔡锷之神出鬼没，正当引为同调。""若言其私道德，惟有'风流都督'四字而已，本无足讳。此乃其个人问题，犹之松坡之妇人醇酒，如信陵君之所为，此则借此以运动，彼则借此以脱险，岂蔡可国葬，而陈独不可欤？若以革命论，恐陈在先觉之例，而蔡还自居后生小子矣。"

研究系议员仍不服。此后，研究系机关报《晨钟报》相继发表文章，对国葬陈其美提出异议，他们所持的理由是："伟人可胜国葬之隆典者，必以各方面均表崇拜之人方可。以往我国每有一典礼，往往因施之过滥，致为社会所不重视。现在实行国葬法，应当避免蹈其覆辙。"

12月28日《晨钟报》刊登一篇署名秋水的时评说："此次黄、蔡用国葬，人无闲言。然若陈其美者，其对于国家、国民有无功德，人所共知，乃亦欲援黄、蔡为例，请用国葬，吾恐将来一般伟人得用国葬者，其滥将如嘉禾章、文虎章，识者视之，真不值一钱矣。"该文还指责国民党人是欲将国葬变为"党葬"。

由于研究系的阻隔，孙中山国葬陈其美的提议最终未能通过。直到1948年5月19日，中华民国国务会议通过"六先烈国葬案"，决定将柏文蔚、陈其美、张继、郝梦龄、李家钰、覃振六人予以国葬。不过，此时的国民党政权已经摇摇欲坠，所谓"国葬"之义已成为一纸空文。这是后话。

国会否决陈其美国葬的议案后，孙中山便发动中华革命党人集资安葬陈其美。经过各方努力，终于将费用筹齐。1917年5月1日，孙中山、唐绍仪、章炳麟、谭人凤、孙洪伊、李烈钧、胡汉民、朱佩珍、张人杰、王

1932—1934 年间民国政府发行的陈其美纪念邮票

震等以主丧友人资格与陈其美亲属联名发布陈其美举殡讣告。5月13日，陈其美的灵梓被运回湖州原籍安葬。

当天的上海《民国日报》详细报道了陈其美归葬受吊的盛况：

"前沪军都督勋二位陈英士先生灵榇归葬湖州碧浪湖，于民国六年五月十二日假打铁浜苏州集义公所开吊。先由治丧事务所同人假该公所旷地，搭盖极大凉棚天幔，遍悬各界所送诔挽联额，几无隙地。中设灵堂，供陈先生遗像。周列鲜花、花圈。内外均列西乐接送。午前七时许，即有来宾陆续来吊。九时，由大总统代表、智威将军胡汉民致祭。次前临时大总统孙中山先生致祭。次两广陆巡阅使、广东谭督军代表古襄勤君致祭。均宣读祭文，其余各同志亦多致祭者。自晨至暮，吊者络绎不绝。综计中外男女来宾不下万人。本埠文武各官长，如海军总司令萨镇冰、淞沪护军使卢永祥、交涉员朱兆莘、地检厅长林仲立、县知事沈宝昌、警厅长徐国梁、电报局长汪洋。又海陆军官李英石、许继祥等均亲到。沪海道尹及江海关监督则亲派代表。商界则总商会总协理朱葆三、沈联芳、南商会总理顾馨一及虞洽卿、陈润夫、王一亭、钱贵三、赵林一、李云书、郑观应、钟紫垣、赵庆华、叶琢堂、洪承祁、唐露园、王亦梅、王汉强、徐春荣等。绅界则有李平书、吴怀疚、李右之、哈少甫、叶惠钧、王培孙、王引才等。

学界则各学堂多整队或派代表来吊。余如孙中山、唐少川、孙洪伊、章太炎、谭石屏、柏烈武、许崇智、温宗尧、王宠惠、彭程万、俞应麓、韩复元、吴忠信、蒋介石、张静江、彭养光、杨沧白、黄复生、何成浚、徐少秋、吴稚晖、章木良、何天炯、戴季陶、庞青城诸君，均亲诣吊奠。一时素车白马、路为之塞。丧所内外，由法捕房派出巡捕多名妥为照料。外宾到者颇多，有美国普林斯顿大学教务长麦克劳氏，偕其夫人同来瞻仰遗容，并详询陈公生平轶事，深为赞叹。日人来吊者尤多，有田中寿平者持来木龛一，中供栗主四，外书'呜呼忠烈四大先生之神位'。四大先生者，宋公渔父、黄公克强、蔡公松坡及陈公也。据云：自去冬起即设此神龛于胜田馆中，每晨顶礼，以示其崇敬之诚。今日闻陈公开吊，特携来暂设灵几云。胜田馆者，虹口一日本旅馆，前此革命党亡命时，多曾寄寓者也。其崇拜英雄之诚，洵可感已。复旦公学全体学生于上午十时，由李登辉校长及教职员率同来吊。又派童子军十二人在灵前照料。此十二人中，唐少川先生之公子唐榴，及宋渔父先生之公子宋振吕均在焉。挽联一副，悬于大门首，文曰：'天道有知，奸雄自毙英雄显；人心不死，泪雨应如春雨多。'其余各学校，排队来祭，或派代表者尤多。新舞台夏月珊、潘月樵、毛韵珂等及该台各艺员，商团救火会等均亲到吊奠。"

18日上午10时，在湖州东门外岘山举行了隆重安葬典礼，由北京政府大总统黎元洪的特派代表胡汉民主祭。

陈其美墓坐落在风景秀丽的岘山南麓，面迎碧浪湖。墓道入口处立有一石坊，镌刻有孙中山亲笔书写的"成仁取义"四个大字。墓共三层，石栏曲折，拾级而上，四周刻有孙中山、黎元洪、蒋介石、胡汉民、戴季陶、于右任、居正、吴忠信等名人的诗句。墓碑"陈公英士之墓"为孙中山之手笔，墓碑前有两根大石柱，则分镌着陈其美生前自撰的联语：

扶颠持危，事业争光日月；

成仁取义，俯仰无愧天人。

　　1931年，国民党政府拨巨款重新修建了陈其美墓，气势更加雄伟。后来，因长年失修，到"文化大革命"时，陈其美墓遭到破坏。1984年3月，当地政府又拨专款按照1931年重修模样，修复了陈其美墓。新修复的陈其美墓，墓顶雕刻着国民党党徽，墓前竖着刻有孙中山手书的"陈公英士之墓"的花岗石墓碑。中央平台上的花岗石石壁刻着"孙大总统诔辞"，叙述陈氏生平事迹。墓道长201米，宽12米。墓门中心横匾是孙中山手书的"成仁取义"，左边横匾"浩气长存"为林森手书，右边横匾"精神不死"为蒋介石手书。石柱上刻着两副对联。其一

孙中山题写的陈其美墓碑

为于右任手书的"春睿秋禘生民泪；山色湖光烈士坟"。其二为蔡元培手书的"轶事足征，可补游侠货殖两传；前贤不让，洵是鲁连子房一流"。

一般人认为，蔡元培的对联最逼真最全面地概括了陈其美的特点。

一位民国史专家因此称陈其美为"民国第一豪侠"。他写道："蔡元培说过，陈其美可以和历代侠士齐名列传，称得上是民国第一豪侠。众所周知，辛亥革命过程中，会党是一支重要的力量，会党领袖就是传统习惯上所说的江湖义士、绿林好汉。陈其美立志革命之后，就从事运动会党，他的豪放、泼辣的品格，使他在驾驭会党领袖时，能够得心应手。然而，会党毕竟是落后的社会组织，会党领袖同样可以被执政的统治者所收买，陈其美也终于被会党分子所暗杀。同时，陈其美还有另一层重要的品格，他是商人之子，他自己也在商界服务，因而和资产阶级有着密切的联系，他因为得到资产阶级的支持而取得成功，也因为资产阶级的背弃而惨遭失败。他是辛亥革命时期具有峥嵘特异品格的英雄。"（朱信泉主编：《民国著名人物传》第一卷，第194页）

陈其美年谱简编

1878 年　出生

光绪三年十二月十五日（1878 年 1 月 17 日）出生于浙江省湖州府学前五昌里。

1883 年　6 岁

入私塾读书。

1891 年　14 岁

是年中断学业，到崇德县石门镇（今桐乡县崇福镇）善长典（当铺）当学徒，在善长典一直干了 12 年。

1901 年　24 岁

与同县的姚文英结婚。（姚于 1961 年 10 月 9 日在台北病故，终年 83 岁）

1903 年　26 岁

是年春，中止在善长典的学徒生活，进入上海一家名叫同康泰丝栈担任助理会计。在上海结识了于右任、张静江、蔡元培等著名革命党人，在他们的引导下，开始走上革命道路。

1904 年　27 岁

是年春，进入上海科学仪器馆之理科传习所学习。

1906 年　29 岁

是年夏，偕徐锡、谢持等赴日本留学，入东京警监学校第三班。是年冬，在日本东京加入同盟会。

1907 年　30 岁

是年秋，转入东斌陆军学校学习。

1908 年　31 岁

是年春，从日本回国从事反清革命活动。

1909 年　32 岁

是年春，与王金发等盘下上海天保栈，作为秘密的革命机关。

是年夏，与同盟会员、龙华会首领张恭在上海商量浙江起义计划，因叛徒告密，天保栈被清政府查抄，张恭被捕，起义不得不中止。

同年，在上海马霍路（今黄陂路）德福里一号另立革命机关。

是年秋，在上海创办精武学校，培养军事人才。

是年冬，加入革命文学团体——南社。

1910 年　33 岁

1 月 1 日，与陈毓川、陈去病等上海创办《中国公报》。

5 月 23 日，与陈匡、陈去病创办《民声丛报》半月刊。

10 月 11 日，《民立报》在上海创刊，任外勤记者。

1911 年　34 岁

是年春，以《民立报》记者身份赴香港、广州，参与广州起义失败后的善后工作，并负责广州起义总指挥赵声的丧葬事宜。

7 月 31 日，与宋教仁、谭人凤、杨谱笙等在上海北四川路湖北小学内召开中国同盟会中部总会成立大会，当选为庶务。

10 月 12 日，赴杭州，召集浙江革命人商量响应武昌首义，未果。

10 月 24 日，与宋教仁、沈缦云、范鸿仙等在《民立报》社开会，决定了"联络商团，媾通士绅"的上海行动方针。

11 月 2 日，与光复会第三号人物李燮和会于《民立报》社，决定于次日下午 4 时发动起义。

11月3日，委派王金发、蒋志清（介石）、王文庆、董梦蛟、张伯岐等率敢死队100余人前往杭州，参与浙江起义。

11月3日，以军政府名义聘请李平书担任上海民政总长，伍廷芳为外交总长。

11月3日下午5时，率敢死队进攻江南制造局失败，身陷制造局内失去自由。

11月4日，革命党人攻克江南制造局，获得自由。

11月6日，出任沪军都督。

11月11日，提议推举徐绍桢为江浙联军总司令，获得通过。

12月13日，枪杀镇江军政府总参谋、江浙联军司令部参谋长陶骏保。

12月，全力推举黄兴为大元帅，并与黄兴等推孙中山为中华民国临时大总统。

1912年　35岁

1月1日，欢送孙中山赴南京就任中华民国临时大总统。

1月9日，发起成立中华银行。

1月14日，指使蒋介石派人刺杀光复会第二号人物陶成章。

3月，主持审理原清政府山阳县令姚荣泽残杀革命党人周实、阮式一案。

3月26日，捉拿前大清银行上海分行经理宋汉章。

3月30日，被袁世凯任命为工商总长，未到任，由王正廷以工商次长代理部务。

8月1日，宣布辞去沪军都督职务。

9月5日，与黄兴前往北京进见袁世凯，商议"国是"。

是年，在上海设立"新亚同济社"，自任监督，专门扶助东亚各弱小民族的反帝事业。

1913 年　36 岁

2 月 18 日，当选为中华民国第一届参议院议员。

3 月，与黄兴等主持侦破宋教仁被刺案。

7 月 16 日，奉黄兴令为江苏驻沪讨袁军总司令，领导上海讨袁斗争。

8 月，上海讨袁失败。避居上海租界，策划"第三次革命"未果。

10 月 7 日，在日本东京加入中华革命党。

11 月，长子祖华出生（系小妾田氏所生）。

1914 年　37 岁

1 月，与戴季陶、山田纯三郎赴大连考察东北革命形势。

7 月 8 日，中华革命党在日本东京召开成立大会，当选为总务部长。

10 月，出任中华革命党浙江地区主盟人。

1915 年　38 岁

2 月 4 日，按照孙中山的授意，致函在美国的黄兴，劝其服从孙中山的领导，共同肩负反袁的重任。

2 月 13 日，次子祖和出生（系日本女子神谷山ツ所生）。

5 月，在上海租界创办《五七报》，反对袁世凯帝制自为。

在上海组织"铁光锐进社"，自任社长，以暗杀袁世凯政府官吏为目的。

11 月 10 日，主持刺杀上海镇守使郑汝成。

12 月 5 日，以淞沪司令长官的名义领导上海"肇和"舰起义，旋失败。

1916 年　39 岁

2 月 22 日，奉孙中山令出任中华革命军江浙皖赣四省总司令，主持东南讨袁斗争。

3 月 19 日，奉孙中山令兼任江苏司令官。

4 月 16 日，与邹永成派杨虎、尤民赴江阴运动驻军宣布独立，26 日起义失败。

5月1日，派中华革命军浙江司令官夏尔屿赴杭州运动军队起义，为浙江将军屈映光逮捕杀害，图浙计划亦告失败。

5月5日，派遣中华革命党人数十人分乘汽船数艘，前往吴淞口袭击"策电"号军舰，遭失败，姜永清等20余人被捕。

5月18日，为袁世凯指使的特务刺杀于上海租界萨坡赛路14号寓所内。

陈其美致黄兴书

克强我兄足下：

美猥以菲材，从诸公后，奔走国事，于兹有年。每怀德音，谊逾骨肉。去夏征帆东发，美正养疴在院，满拟力疾走别，握手倾愫，乃莫获我心。足下行期定矣，复以事先日就道，卒无从一面商榷。区区之意于足下缘何悭也！日者晤日友宫崎君，述及近状，益眷眷国事，弥令美动"榛苓彼美，风雨君子"之思矣。

溯自辛亥以前，二三同志，如谭、宋辈过沪上时，谈及吾党健者，必交推足下。以为孙氏理想，黄氏实行。夫谓足下为革命实行家，则海内无贤无愚，莫不异口同声，于足下无所增损。惟谓中山先生倾于理想，此语一入吾人脑际，遂使中山先生一切政见，不易见诸施行。迨至今日，犹有持此言以反对中山先生者也。然而征诸过去之事实，则吾党重大之失败，果由中山先生之理想误之耶？抑认中山先生之理想为误而反对之，致于失败耶？惟其前日认中山先生之理想为误，皆致失败，则于今日中山先生之所主张，不宜轻以为理想而不从，再贻他日之悔。此美所以追怀往事，而欲痛涤吾非者也。爰胪昔日反对中山先生其历致失败之点之有负中山先生者数事以告，足下其亦乐闻之否耶？

当中山先生之就职总统也，海内风云，扰攘未已，中山先生政见一未实行，而经济支绌，更足以掣其肘。俄国借款，经临时参议院之极端反对，海内士夫更借口丧失利权，引为诟病。究其实，实交九七，年息五厘，即有担保，利权不碍；视后日袁氏五国财团借款之实交八二，盐税作抵，不足，复益以四省地丁，且予以监督财政全权者，孰利孰害，孰得孰失？岂可同年语耶！乃群焉不察，终受经济影响，致妨政府行动。中山先生既束手无策，国家更濒于阽危。固执偏见，贻误大局，有负于中山先生者此其一。

及南北议和以后，袁氏当选临时总统。中山先生当时最要之主张，约有三事：一则袁氏须就职南京也。中山先生意谓南北声气未见调和，双方举动，时生误会，于共和民国统一前途深恐多生障故。除此障故，非袁氏就职南京不为功。善所以联络南北感情，以坚袁氏对于民党之信用，而祛民党对于袁氏之嫌疑也。二则民国须迁都南京也。北京为两代所都，帝王痴梦，自由之钟所不能醒；官僚遗毒，江河之水所不能涮。必使失所凭藉，方足铲锄专制遗孽。迁地为良，庶可荡涤一般瑕秽耳。三则不能以清帝退位之诏全权授袁氏组织共和政府也。夫中华民国乃根据临时约法，取决人民代表之公意而后构成，非清帝、袁氏所得私相授受也。袁氏之临时总统，乃得国民所公选之参议院议员推举之，非清帝所得任意以予之也。故中山先生于此尤再三加之意焉。此三事者，皆中山先生当日最为适法之主张，而不惜以死力争之者也。乃竟听袁氏食其就职南京取决人民公意之前言，以演成弁髦约法、推翻共和之后患者，则非中山先生当日主张政见格而不行有以致之耶？试问中山先生主张政见之所以格而不行，情形虽复杂，而其重要原因，非由党人当日识未及此，不表同意有以致之耶？有负于中山先生者此其二。

其后中山先生退职矣，欲率同志为纯粹在野党，专从事扩张教育，振兴实业，以立民国国家百年根本之大计，而尽让政权于袁氏。吾人又以为空涉理想而反对之，且时有干涉政府用人行政之态度。卒至朝野冰炭，政党水火，既惹袁氏之忌，更起天下之疑。而中山先生谋国之苦衷，经世之硕划，转不能表白于天下而一收其效。有负于中山先生者此其三。

然以上之事，犹可曰一般党人之无识，非美与足下之过也。独在宋案发生，中山先生其时适归沪上，知袁氏将拨专制之死灰，而负民国之付托也，于是誓必去之。所定计划，厥有两端：一曰联日。联日之举，盖所以孤袁氏之援，而厚吾党之势也。"日国亚东，于我为邻，亲与善邻，乃我之福。日助我则我胜，日助袁则袁胜。"此中山先生之言也。在中山先生认联日为重要问题，决意亲往接洽，而我等竟漠然视之，力尼其行，若深怪其轻身者。卒使袁氏伸其腕臂，孙宝琦、李盛铎东使，胥不出中山先生所料，我则失所与矣。中山先生自谓民党向主联日者，以彼能发奋为雄，变弱小而为强大，我当亲之师之，以图中国之富强也。不图彼国政府目光如豆，深忌中国之强，尤畏民党得志而碍其蚕食之谋，故屡助官僚以抑民党，必期中国永久愚弱，以遂彼野心。彼武人政策，其横暴可恨，其愚昧亦可悯也。倘长此不改，则亚东永无宁日，而日本亦终无以幸免矣。东邻志士，其有感于世运起而正之者乎？

二曰速战。中山先生以为"袁氏手握大权，发号施令，遣兵调将，行动极称自由。在我惟有出其不意，攻其无备，迅雷不及掩耳，先发始足制人"。且谓"宋案证据既已确凿，人心激昂，民气愤张，正可及时利用，否则时机一纵即逝，后悔终嗟无及"。此亦中山先生之言也。乃吾人迟钝，又不之信，必欲静待法律解决，不为宣战之预备。岂知当断不断，反受其乱。法律以迁延而失效，人心以积久而灰冷。时机坐失，计划不成，事欲求全，适得其反。设吾人初料及此，何致自贻伊戚耶？有负于中山先生者此其四。

无何，刺宋之案率于袁、赵之蔑视国法，迟迟未结；五国借款又不经国会承认，违法成立。斯时反对之声，举国若狂。乃吾人又以为有国会在，有法律在，有各省都督之力争在，袁氏终当屈服于此数者而取消之。在中山先生则以为国会乃口舌之争，法律无抵抗之力，各省都督又是多仰袁鼻息，莫敢坚持，均不足以戢予智自雄、拥兵自卫之野心家；欲求解决之方，惟有诉诸武力而已矣。其主张办法，一方面速兴问罪之师，一方面表示全国人民不承认借款之公意于五国财团。五国财团经中山先生之忠告，已允于二星期内停止付款矣。中山先生乃电令广东独立，而广东不听；欲躬亲赴粤主持其事，吾人又力尼之，亦不之听；不得已令美先以上海独立，吾人又以上海弹丸地难与之抗，更不听之。当此之时，海军尚来接洽，自愿宣告独立，中山先生力赞其成，吾人以坚持海陆军同时并起之说，不欲为海军先发之计。寻而北军来沪，美拟邀击海上，不使登陆，中山先生以为然矣，足下又以为非计。其后海军奉袁之命开赴烟台，中山先生闻而欲止之曰："海军助我则我胜，海军助袁则袁胜。欲为我助，则宜留之。开赴烟台，恐将生变。"美与足下则以海军既表同意于先，断不中变于后，均不听之。海军北上，入袁氏牢笼矣。嗣又有吴淞炮台炮击兵舰之举，以生其疑而激之变，于是海军全部遂不为我用矣。且中山先生当时屡促南京独立，某等犹以下级军官未能一致诿。及运动成熟，中山先生决拟亲赴南京宣告独立，二三同志咸以军旅之事乃足下所长，于是足下遂有南京之役。夫中山先生此次主张政见，皆为破坏借款、推倒袁氏计也。乃迁延时日，逡巡不进，坐误时机，卒鲜寸效。公理见屈于武力，胜算卒败于金钱，信用不孚于外人，国法不加于袁氏。袁氏乃借欺人之语，举二千五百万镑之外债，不用之为善后政费，而用之为购军械、充兵饷、买议员、赏奸细，以蹂躏南方，屠戮民党，攫取总统之资矣。设当日能信中山先生之言，即时独立，胜负之数，尚未可知也。盖其时联军十万，拥地数省，李纯未至江西，芝贵不闻南下，率我锐师，鼓其朝气，以之声讨国贼，争衡天下，无难矣。惜乎粤、湘诸省，不独立于借款成立之初；李、柏诸公，不发难于都督取消之际。逮借款成立，外人助袁，都督变更，北兵四布，始起而讨之，盖亦晚矣！有负于中山先生者此其五。

夫以中山先生之知识，遇事烛照无遗，先机洞若观火，而美于其时贸贸然反对之；而于足下主张政见，则赞成之惟恐不及。非美之感情故分厚薄于其间，亦以识不过人，智闇虑物，泥于"孙氏理想"一语之成见而已。盖以中山先生所提议者，胥不免远于事实，故怀挟成见，自与足下为近。岂知拘守尺寸，动失寻丈，贻误国事，固不由此乎？虽然，前事不忘，后事之师；前车已覆，来轸方遒；亡羊补牢，时犹未晚；见兔顾犬，机尚不失。美之所见如此，未悉足下以为何如？自今而后，窃愿与足下共勉之耳。

夫人之才识，与时并进，知昨非而今未必是，能取善斯不厌从人。鄙见以为理想者，事实之母也。中山先生之提倡革命，播因于二十年前，当时反对之者，举国士夫殆将一致。乃经二十年后，卒能见诸实行者，理想之结果也。使吾人于二十年前即赞成其说，安见所悬理想，必迟至二十年之久始得收效？抑使吾人于二十年后犹反对之，则中山先生之理想，不知何时始克形诸事实，或且终不成效果，至于靡有穷期者，亦难逆料也。故中山先生之理想能否证实，全在吾人之视察能否了解、能否赞同，以奉行不悖是已！夫观于既往，可验将来，此就中山先生言之也；东隅之失，桑榆之收，此就美等言之也。足下明敏，胜美万万，当鉴及此，何待美之喋喋？然美更有不容已于言者：中山先生之意，谓革命事业旦暮可期，必不远待五年以后者。诚以民困之不苏，匪乱之不靖，军队之骄横，执政之荒淫，有一于此，足以乱国；兼而有之，其何能淑？剥极必复，否极必泰，循环之理，不间毫发。乘机而起，积极进行，拨乱反正，殆于运掌。美虽愚闇，愿竭绵薄，庶乎中山先生之理想即见实行，不至如推倒满清之必待二十年以后。故中华革命党之组织，亦时势有以迫之也。顾自斯党成立以来，旧日同志颇滋訾议，以为多事变更，予人瑕隙。计之左者，不知同盟结会于秘密时代，辛亥以后一变而为国民党，自形式上言之，范围日见扩张，势力固征膨胀。而自精神上言之，面目全非，分子复杂，熏莸同器，良莠不齐。腐败官僚，既朝秦而暮楚；龌龊败类，更覆雨而翻云。发言盈庭，谁执其咎；操戈同室，人则何尤？是故欲免败群，须去害马；欲事更张，必贵改弦。二三同志，亦有以谅中山先生惨淡经营、机关改组之苦衷否耶？至于所定誓约有附从先生，服从命令等语，此中山先生深有鉴于前此致败之故，多由于少数无识党人误会平等自由之真意。盖自辛亥光复以后，国民未享平等自由之幸福；临于其上者，个人先有逾规越矩之行为。权利则狺狺以争，义务则望望以去。彼此不相统摄，何能收臂指相使之功？上下自为从违，更难达精神一贯之旨。所谓既不能令，又不受命者，是耶非耶？故中山先生于此，欲相率同志纳于轨物，庶以统一事权；非强制同志尸厥官肢，尽失自由行动。美以为此后欲达革命目的，当重视中山先生主张，必如众星之拱北辰，而后星躔不乱其度数；必如江汉之宗东海，而后流派不至于纷歧。悬目的以为之赴，而视力乃不分；有指车以示之方，而航程得其向。不然，苟有党员，如吾人昔日之反对中山先生者，以反对于将来，则中山先生之政见，又将误于毫厘千里之差、一国三公之手。故遵守誓约，服从命令，美认为当然天职而绝无疑义者。足下其许为同志而降心相从否耶？窃维美与足下，共负大局安危之责，实为多年患难之交，意见稍或差池，宗旨务求一贯。惟以情暌地隔，传闻不无异词；缓急进行，举动辄多误会。相析疑义，道故班荆，望足下之重来，有如望岁。迢迢水阔，怀人思长；嘤嘤鸟鸣，求友声切。务祈足下克日命驾言旋，共肩艰巨。岁寒松柏，至老弥坚；天半云霞，萦情独苦。阴霾四塞，相期携手同仇；沧海横流，端赖和衷共济。于乎？长蛇封豕，列强方逞荐食之谋；社鼠城狐，内贼愈肆穿墉之技。飘摇予室，绸缪不忘未雨之思；邪许同舟，慷慨应击中流之楫。望风怀想，不尽依依。敬掬微忱，端求指示。寒气尚重，诸维为国珍摄。言不罄意。

　　诸同志均乞致候！

弟陈其美顿首

四年二月初四日